Mount Everest

Kampf in eisigen Höhen

MOEWIG

1 *Gebetsfahnen flattern am Rongbuk-Kloster in Tibet. Im Hintergrund erhebt sich die gewaltige Nordwand des Everest.*

2-3 *Der gigantische Rongbukgletscher umfließt die tibetanische Seite des Everest. Links im Bild ist der beeindruckende Gipfel des Changtse zu sehen.*

4-5 *Spuren auf dem Weg in den Nordsattel (Chang-La), die Träger und Bergsteiger einer französischen Expedition Ende der 80er Jahre hinterlassen haben.*

6-7 *Ein Teilnehmer der von Marc Battard geleiteten französischen Expedition (1990) auf dem Weg in Camp III über die nepalesische Normalroute.*

8-9 *In der Bildmitte, jenseits des Nuptsekamms, erhebt sich die imposante Südwestwand des Everest.*

9 *Christine Janin am Gipfelgrat des Everest. Am 5. Oktober 1990 hat er die erste Etappe der „Top Seven"-Gipfel aller Erdteile geschafft.*

Inhalt

10-11 *September 1975: Der britische Bergsteiger Dougal Haston steigt an einem Fixseil im oberen Schneefeld der Südwestwand auf.*

12-13 *Nachdem es einige Tage geschneit hat und mehrere Schneestürme über die Gipfel gefegt sind, sieht die Nordwand des Everest winterlich aus.*

Text
Roberto Mantovani

Einleitung
Kurt Diemberger

Koordination
Laura Accomazzo

Layout
Patrizia Balocco Lovisetti
Clara Zanotti

Titel derl Originalausgabe:
Everest – La storia del gigante Himalayano

Printed in Italy
ISBN 3-8118-1715-9

Chomolungma, „Muttergöttin der Erde" für die Tibetaner (für uns Mount Everest), der höchste Gipfel der Erde (8872 m) war lange Zeit eines der unerforschten, geheimnisvollen Gebiete unseres Planeten.
Die Geschichte des Everest begann noch bevor irgendein Forscher oder Bergsteiger die Silhouette des Giganten im Himalaya erblickt hatte.
Die lange angekündigte und erwartete Erkundung des höchsten Berges der Erde wurde durch den Einsatz von Wissenschaft und Technologie möglich – durch die trigonometrischen Berechnungen und die Theodoliten der britischen Topografen während der Landvermessung Indiens. Von Anfang an machte sich ein leichtes Schwindelgefühl unter den Menschen der westlichen Welt breit, das immer dann auftaucht, wenn Menschen mit einer ungewissen Realität konfrontiert werden. Diese Beklommenheit kann nur durch ein Mittel überwunden werden: Man muss sich mit dem Fremden vertraut machen, indem man dasselbe Verfahren anwendet, durch das schon in der Vergangenheit neue Länder entdeckt und erforscht wurden. Man muss die Neugier des Menschen wecken.
Lange Zeit blieb die Besteigung der Gipfel im Himalaya im Hintergrund, beschränkt auf die allzu vergängliche Welt der Träume. Erst im zweiten Jahrzehnt des 20. Jahrhunderts nahm das Vorhaben, den Everest zu besteigen, Gestalt an, obwohl die ersten Versuche noch vom Forschergedanken geprägt waren. Dies ist jedoch durchaus verständlich, da die Abenteuer im Himalaya zu diesem Zeitpunkt in einer völlig unbekannten und unerforschten Gegend stattfanden. Man sollte aber auch noch andere Fakten berücksichtigen, z. B. dass in den ersten zwei Jahrzehnten des 20. Jahrhunderts die hohen Berge für die Städter und die westliche Technologie großartige Herausforderungen darstellten. Man schielte mit großen Augen in ein noch unbekanntes, Gebiet, in dem die Luft dünner ist als auf dem restlichen Planeten und Sauerstoffmangel und Erschöpfung bei den Bergsteigern Halluzinationen hervorrufen.
Erst viel später trat die Ausrüstung der Forscher in den Hintergrund und machte den Weg für sportliche Ambitionen auch am Everest frei. Seit 1975 sind in weniger als zwei Jahrzehnten nahezu alle Wände und Grate am „Dach der Welt" bestiegen worden, in einigen Fällen sogar ohne künstlichen Sauerstoff. Damit folgte man der Idee der britischen Vorkriegspioniere, die schließlich 1978 von Reinhold Messner und Peter Habeler in die Tat umgesetzt wurde.
Heute scheint im Zeichen von kommerziellen Expeditionen, im Ansturm auf den Gipfel entlang der Normalwege ein neuer Weg am Everest unmöglich. An der Wende zum dritten Jahrtausend ist es äußerst schwierig, etwas wirklich Neues zu finden: Es wurden bereits zu viele Routen eröffnet. Einige Abschnitte sind trotzdem noch nicht erschlossen wie z. B. die zentrale Stelle am Gelben Band an der Nordseite. In nächster Zukunft werden vielleicht alle großen Routen der Vergangenheit im Alpinstil wiederholt werden – irgendjemand wird bereits darüber nachgedacht haben. Aber die Faszination das Bergsteigen in anderer Weise wieder aufleben zu lassen und Berge zu besteigen, auf denen noch niemand vorher gewesen ist, ist eine andere Sache. Ein Traum, eine Art Geschenk für den Bergsteiger des Jahres 2000: eine Traverse, die Nuptse, Lhotse und Everest miteinander verbindet. Im Augenblick reiner Wahnsinn, aber morgen ...

VORWORT

14 *Die Nordwand des Everest (für die Tibetaner Chomolungma) erhebt sich majestätisch über dem Rongbukgletscher.*

14-15 *Die Pyramide des Everest im warmen Abendlicht. Deutlich zeichnen sich Wände, Grate und Rinnen ab.*

16-17 *Bergsteiger bei der Überwindung der Séracs des Khumbueisfalls; auch heute noch zählt diese Passage zu den heikelsten Abschnitten entlang der klassischen nepalesischen Route auf den Everest.*

„Papa, warum hast du noch nie den Everest bestiegen?", fragte mich meine Tochter Hildegard fast ein wenig vorwurfsvoll. Moderne Zeiten. „Alle deine Freunde haben ihn bestiegen, warum du nicht?", bohrte sie weiter. „Ich weiß nicht", antwortete ich, „jetzt werde ich erst einmal den Makalu besteigen, der reizt mich mehr."
„Warum habe ich bis jetzt noch nicht den Everest bestiegen? Jeder muss offenbar einmal auf dem Everest gestanden haben, weil er der höchste ist. Moderne Zeiten", dachte ich. Aber ich hatte ihn noch nicht gesehen ... und ich ahnte nicht, dass Hildegard und ich, jeder auf seine Weise in den magischen Zirkel der Chomolungma, der „Göttin-Mutter der Erde", geraten würden.
Ich änderte meine Meinung als ich im Frühjahr 1974 erstmals dem Berg gegenüberstand. Ich sah den höchsten Gipfel der Erde inmitten einer großartigen Landschaft von einem ganz un-

18 oben Ein Bergsteiger auf dem Weg in den Raphu-La-Sattel, an dem der endlos lange Nordostgrat beginnt. Im Mai 1995 gelang einer japanischen Expedition die Erstbegehung dieser Route.

18 links Kurt Diemberger bei Filmarbeiten in der Nähe von Camp III an der Lhotsewand.

18 rechts 15. Oktober 1978: Der französische Bergsteiger Nicolas Jaeger freut sich, dass er den Gipfel des Everest erreicht hat.

19 Ein Bergsteiger bewältigt an einem Fixseil den Khumbueisfall über die klassische nepalesische Route. In der Nähe von Camp I.

EINLEITUNG (VON KURT DIEMBERGER)

gewöhnlichen Winkel, einem versteckten Tal aus. Er zeigte mir seine verborgene Seite, die ich nie zuvor auf Bildern gesehen hatte ... Ich hatte den Eindruck, als ragte vor mir eine Gruppe riesiger Kristalle, die sich in unglaublichem Glanz aus dem dunklen Tal gegen den Himmel erhoben. Still und doch wie in eigenartiger Bewegung. Wie die Kronen mächtiger Wellen, die sich zu immer höheren Spitzen aufbauen, standen sie gegen den Himmel ... unbeweglich, als wären sie von einer magischen Kraft verzaubert. Gleichzeitig hatte der Schnee etwas unbeschreiblich Sanftes an sich, als ob der Berg eine mitfühlende Seele hätte. Da begriff ich, warum die Tibeter ihn für die „Göttin-Mutter" und „Herrin des Kontinents" halten ...
Die Tibeter nennen den ganzen Gipfelkomplex Chomolungma, nur für die Kartographen besteht die Notwendigkeit, jeden einzelnen Gipfel der Everestgruppe zu benennen. Es ist aber auch für die Bergsteiger wichtig, jede Erhebung identifizieren zu können, die sie auf der Karte sehen.
Ganz vorne in dieser Gruppe sah ich die riesige Felswand des Lhotse, des sogenannten „Südgipfels", unter steilen Graten und vertikalen Winkeln mit seinen 8511 m (Lho = Süden; Tse = Gipfel). In einiger Entfernung rechts von ihm konnte ich die weiße Silhouette des Shartse, des „Ostgipfels" ausmachen, eines noch unberührten Siebentausenders, den ich mit meinen Freunden besteigen wollte. Hinter dem großen Grat, der sich von dort bis zum Lhotse hinzieht, erhob sich die charakteristische, große Pyramide des Everest, die den Changtse, den „Nordgipfel", einen weiteren Siebentausender, vollständig verdeckte. Links des Lhotse verbarg von meinem Standpunkt aus ein weiterer Eisriese den Nuptse, den „Westgipfel"... In dieser Gipfel-Schar konnte ich noch einen Achttausender entdecken, den schwierigen Lhotse Shar („Östlich des Südgipfels").
Aber die Geschichte der Namensgebung ist noch nicht zu Ende. In diesem Kamm gibt es einen weiteren Siebentausender, Peak 38, im Osten des vorherigen Gipfels und westlich des Shartse ... (bis jetzt hat es noch niemand gewagt, dem letzten Unbekannten einen Namen zu geben!). Die tibetische Betrachtungsweise der Chomolungma ist gewiß weniger kompliziert, aber Bergsteiger und Geografen legen größten Wert auf Präzision. Dafür haben sie ihre Gründe.
Für mich war der erste Blick auf diese Gruppe ein wahres Abenteuer und der Beginn von fünf Expeditionen zum Everest, während derer ich auch einmal auf dem Gipfel stand. Doch das ist nicht das Einzige, das zählt. Ich habe mit dem Berg gelebt, mittlerweile kenne ich ihn von jeder Seite ... Der Everest hat mir die Möglichkeit gegeben, unbekannte Täler und luftige Grate zu entdecken, aber auch die Menschen an seinem Fuß kennen zu lernen. Er hat mich gelehrt in großen Höhen zu leben und hat mich um viele menschliche Erfahrungen reicher gemacht. In gewisser Weise hat er auch meine Karriere als hochalpiner Kameramann beeinflusst.
Er schenkte mir Träume. Auch 1974, als

unser Ziel die Erstbesteigung des Shartse war und wir uns wie Pioniere fühlten, als wir die ersten Schritte am Großen Grat des Everest taten. Irgendwann in ferner Zukunft wird jemand diese gewaltige Traversierung über Shartse, Peak 38, Lhotse Shar und Lhotse durchführen, dann den Everest über den Südsattel erreichen und schließlich nach Tibet hin absteigen, wobei der Changtse die letzte Hürde sein wird ... Zukunftsträume; es werden etliche gut aufeinander abgestimmte Expeditionen nötig sein, zudem muss das Wetter mitspielen. Aber ich denke, eines Tages wird es machbar sein ...

Eins meiner Ziele war es, die Schönheit des Everest den anderen zu zeigen und gleichzeitig seine Wunderwelt mit mir nach Hause zu tragen. Ich habe sechs Filme über Chomolungma und die Menschen, die an ihrem Fuße leben, gedreht, den letzten mit meiner Tochter Hildegard, einer Ethnologin, im Winter 1993.

In den zwanzig Jahren, die seit meinen ersten Erlebnissen am Everest und der Besteigung des Shartse vergangen sind, hat sich viel verändert. Es hat eine rasante Entwicklung stattgefunden, mit positiven wie negativen Seiten. Heute gibt es am Everest alle Formen des Alpinismus ... und man könnte auch über die Auswirkungen des Strebens nach bergsteigerischem Ruhm auf das Leben der Sherpas sprechen. Aber ich denke, hier ist nicht die geeignete Stelle, eine breit gefächerte Diskussion zu beginnen, vor allem weil Roberto Mantovani in diesem Buch einen umfassenden Überblick über die Entwicklungsgeschichte gibt – mit exzellenten Bildern von allen Seiten des Everest. Trotzdem denke ich, sollten einige meiner persönlichen Erfahrungen mit einfließen.

1978 filmte ich für eine französische Reportage bis zum Gipfel. Ich war hierbei Teilnehmer einer traditionellen Expedition mit Trägern, Fixseilen und dem Einsatz von künstlichem Sauerstoff. Zur gleichen Zeit versuchten Doug Scott und zwei Freunde den Nuptse in reinem Alpinstil zu besteigen. Die Leser, die wissen, dass mittlerweile viele Bergsteiger ohne Verwendung von künstlichem Sauerstoff den Aufstieg geschafft haben, werden vielleicht etwas über das altmodische System lächeln. Die Expeditionen, die auch heute noch Sauerstoff verwenden, berichten darüber nur wenig. Kaum ein Leser kann sich wahrscheinlich vorstellen, was es bedeutet, die Sauerstoffflaschen auf seinem Rücken zu tragen! Heute sind die Flaschen viel leichter als die alte „British Air“ und auch als die 1978 von der französischen Expedition verwendeten. Die Titanflaschen der Russen, die in den 90er Jahren verwendet wurden, hatten ein Gewicht von 2,2 bis 3,3 kg – verglichen mit den 7 kg in den 70er Jahren. Bei 2 Flaschen ergab das einschliesslich Zubehör wenigstens 15 kg. So brachten die russischen Flaschen eine Gewichtsreduzierung von mehr als 50 Prozent. In wenigen Jahren wird niemand mehr die Leistung von Edmund Hillary und Tenzing Norgay während ihrer Erstbesteigung richtig einzuschätzen wissen, ... bevor die Route sich zu dem entwickelte, was der Bergsteiger heute vorfindet: eine überfüllte Autobahn.

Als Hillary 1981 als Mitglied eines amerikanischen Teams (in dem ich als Kameramann tätig war) zur Ostwand des Everest ging, hatten sich die Klettertechniken enorm weiterentwickelt. Wir wären sonst niemals in der Lage gewesen, die senkrechte Felswand unter dem „Eismonster“ zu bewältigen – ein gefährlicher Abbruch mit mächtigen Stalaktiten, die unseren Weiterweg gefährdeten ..., den einzigen Weg, den uns die vielen Lawinen in der Ostwand offen gelassen hatten.

Trotz alledem brauchten wir wesentlich mehr Zeit, Kraft und Nerven, um die ersten tausend Meter des so genannten „Pfeilers“ hinter uns zu bringen ...

Nachdem wir die Schlüsselstelle hinter uns gebracht hatten, gaben wir wegen Lawinengefahr in den folgenden leichten Hängen auf.

Zwei Jahre später installierten die Amerikaner mit Hilfe einer Rakete eine Las-

20 Man ist dem Schicksal ausgeliefert, wenn man den Khumbueisfall auf ca. 6000 m Höhe durchsteigt. Eisblöcke in Häusergröße können innerhalb von Sekunden abbrechen.

20-21 Bergsteiger versuchen möglichst schnell durch den Eisfall zu kommen. Die instabilen, gefährlichen Séracs sind eine unumgängliche Passage auf der klassischen nepalesischen Route.

***21 oben** In den letzten Jahren wurde die Route vom Nordsattel über den Nordostgrat auf den Gipfel von unzähligen Expeditionen begangen.*

***21 unten** Pierre Mazeaud am Hillary Step, dem letzten Hindernis vor dem Gipfel (auf der klassischen nepalesischen Route). Im Hintergrund Jean Afanassieff und Nicolas Jaeger auf der Eiswächte.*

tenseilbahn über die vorher erwähnte senkrechte Wand, danach richteten sie die nötigen Hochlager ein und erreichten den Gipfel. Seit damals hat nur Stephen Venables mit zwei Gefährten einen Weg durch die Ostwand des Everest gefunden ...
Aber es geht noch weiter. Der „Artist Ridge“ wartet auf seine Besteigung! Ich gab ihm diesen Namen, weil ich zwei kleine Ölgemälde eines befreundeten Künstlers in einem Riss am Fuß eines Felsturmes deponierte; dann bewunderte ich die gespenstische Aufeinanderfolge von Eistürmen, die sich bis zum Gipfel des Grates aufbauten! Ich denke, niemand wird da jemals hinaufkommen ...
Die Ostwand des Everest mit ihren häufigen Lawinen hatte 1921 George Mallory und seine Gefährten veranlasst, nach einer anderen Aufstiegsroute über die Nordseite zu suchen. 1924 verschwanden George Mallory und Sandy Irvine unterhalb des Gipfels ...
30 Jahre später führten Edmund Hillary und Tenzing Norgay ihre historische Erstbesteigung über die Südseite durch. Man wird nie erfahren, ob Mallory und Irvine vor ihnen auf dem Gipfel standen.
Zwei weitere bedeutende Bergsteiger haben am Everest Geschichte geschrieben: Reinhold Messner und Peter Habeler. Im Frühjahr 1978 erreichten sie als Erste den Gipfel ohne künstlichen Sauerstoff. Später stiegen Erhard Loretan und Jean Troillet über die Nordseite im reinen Alpinstil auf, ohne Zelt, nur

mit einer Schaufel ausgerüstet, um ein Loch zum Biwakieren graben zu können.
Jeder Versuch, im Alpinstil über die Südseite aufzusteigen, war bisher am Khumbueisfall gescheitert. Die Vertreter dieser Technik waren gezwungen erst oberhalb des Eisfalls mit ihrer Aufstiegsweise zu beginnen und vorher die Leitern einer klassischen Expedition zu benützen. Messner entschied sich 1980 für diese Lösung und nahm die Hilfe einer italienischen Expedition an, zu der auch ich gehörte. Aber es war weder für ihn noch für mich ein gutes Jahr: Ein mehrere Tage dauernder Schneesturm kostete ihn und mich den Gipfel, auf den ich mir im Südsattel Hoffnungen machte, als ich meine Gefährten beim Aufstieg zum Everest filmte. Eines unserer Zelte wurde von Windböen zerfetzt und Richtung Tibet weggefegt – ein paar meiner Freunde zogen sich schwere Erfrierungen zu ...
Für eine Zweier- oder Dreierseilschaft ist es unmöglich, den Eisfall elegant zu überwinden. Dieser 800 m, vielleicht sogar 1000 m hohe Eisfall ist in ständiger Bewegung und fließt mehr als einen Meter pro Tag. Ich habe so viele zerborstene Aluminiumleitern gesehen ... so viele Gebete der Sherpas gehört ... und sprach selbst auch etliche ...! Ganze Gletscherplateaus rutschen vorwärts und schieben sich über Hohlräume bis ihr Gewicht so schwer wird, dass das ganze Plateau binnen Sekunden in Tausende von Teilen zerspringt. Wer sich zu diesem Zeitpunkt auf einer solchen Platte aufhält (die die Größe eines Fußballfeldes haben kann), kann seinen Sternen danken, wenn er dies überlebt ohne zwischen den Eisblöcken zermalmt zu werden! 1980 gab es zwei Tote: den Sherpa Nawang Kenzang, der auf diese Weise umkam, und den Bergsteiger Franco Piana, der mit einem Schneebrett in der Lhotse-Flanke in eine Gletscherspalte rutschte. Die so genannte „Normalroute" auf den Everest wird auch immer eine der gefährlichsten sein ... Viele vergessen dies jedoch.
Ich möchte mit etwas schöneren Erinnerungen fortfahren. Der hervorragende Bergsteiger Doug Scott war sich vollkommen im Klaren, dass er den Khumbueisfall nicht im Alpinstil überwinden könne! Eines Tages kam er im französischen Basislager mit ein paar Flaschen Whiskey an und bot sie als „leichtgewichtige Gegenleistung für die Benutzung der schweren Leitern an, die über die Séracs gelegt waren". Sein Angebot wurde dankbar angenommen. Was die Aufstiegstechnik betrifft, denke ich, macht ein derartig schwieriges Gelände den Einsatz von technischen Hilfsmitteln notwendig, zumindest jedoch ratsam. Am Nordostgrat des Everest erkannte Chris Bonnington, dass der beste Schutz gegen die schrecklichen Schneestürme auf dieser Route darin lag, Höhlen in den Schnee und in das Eis zu graben ... Als Julie Tullis und ich 1985 die englisch-schottische Expedition filmten, nutzten wir diese Höhlen mehrere Male ... Sie waren noch in gutem Zustand, obwohl sie schon drei Jahre alt waren!
Über die Normalrouten auf den Everest steigen immer häufiger „kommerzielle Expeditionen" auf. Die meisten haben gute Führer dabei, aber wie sieht es mit den Kunden aus? Manche mögen Erfahrungen mitbringen, wie viele sind aber ausschließlich von den Fähigkeiten ihres Führers und vom Glück abhängig? Sie kennen sich nicht gegenseitig, sie haben bezahlt und so bestehen sie darauf zu bekommen, wofür sie bezahlt haben – trotz der Wetterbedingungen! Wenn in großer Höhe nicht alles glatt läuft, sind diese Leute erledigt, und der Führer, wie erfahren er auch sein mag, riskiert ebenfalls sein Leben. Selbstverständlich gibt es dort oben auch Schneestürme, die so fürchterlich sind, dass keiner davonkommt. Ich denke, wer so hoch hinaufsteigen will, muss sich über die Ernsthaftigkeit dieser Unternehmung klar werden. Man kann keine Eintrittskarte auf die höchsten Berge lösen wie für eine Theatervorstellung. Aber es gibt auch unter Experten viele verschiedene Sichtweisen – das ist ganz normal. In meinen Augen sind die Berge nicht dafür da, einzig und allein unter allen Umständen eine spezielle Technik ausprobieren zu wollen und sie sind zu schade für Leute, die mit ihrer Leistung angeben wollen. Berge sollten wie Freunde sein – wir sollten niemals vergessen sie zu respektieren! ...
Keiner sollte den Everest besteigen ohne lange zu überlegen. Man sollte diesen Berg wirklich kennenlernen, zu ihm in Ruhe sprechen, vielleicht von Angesicht zu Angesicht, denn Chomolungma ist nicht nur der höchste Berg der Erde.

22 *Dieses Foto wurde von einem Spaceshuttle aufgenommen. Das Dreieck der Ostwand ist klar im Morgenlicht zu erkennen; die Nordwand liegt völlig im Schatten. Auch die nepalesische Seite und die Gletscher, die das Massiv umgeben, sind sehr gut zu erkennen.*

23 *Diese Landkarte wurde von dem Fotografen und Geophysiker Bradford Washburn vom Boston Museum of Science gezeichnet. Die Karte hat den Maßstab 1:50 000 und ist eine der präzisesten dieses Gebiets. Sie wurde 1988 von der US National Geographical Society veröffentlicht.*

24-25 *Über dem Südsattel mit Camp IV erhebt sich mächtig der 8765 m hohe Südgipfel des Everest und verdeckt den Hauptgipfel.*

26-27 *In die gewaltige Nordwand des Everest haben sich zwei tiefe Rinnen gegraben: links das Große Couloir (Nortoncouloir), rechts das Hornbeincouloir.*

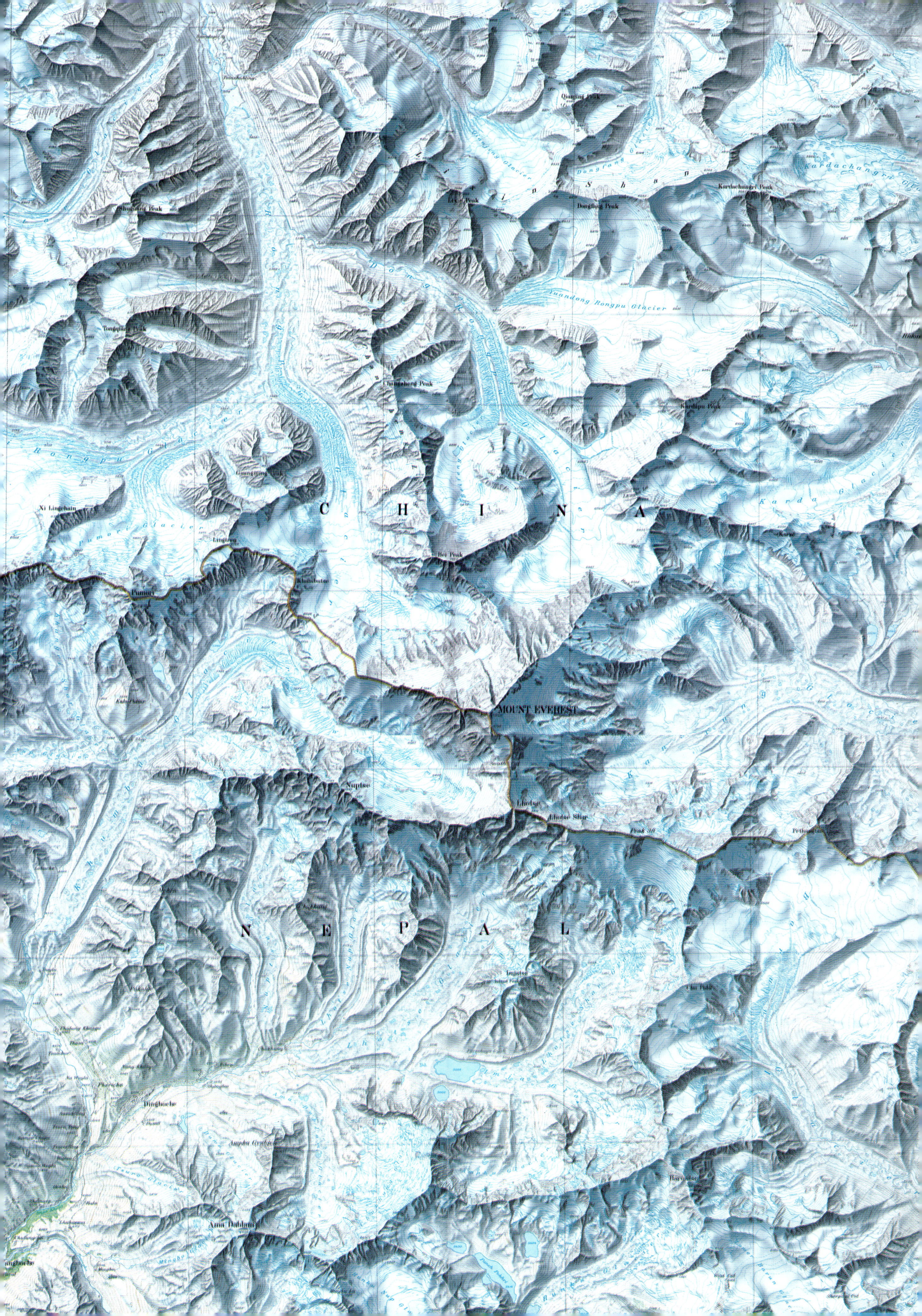

C H I N A
MOUNT EVEREST
N E P A L
Nuptse
Lhotse
Lhotse Shar
Pumori
Lingtren
Dingboche
Ama Dablam

1953 Erstbesteigung durch eine britische Expedition. Leiter ist H.C.J. Hunt. Am 29. Mai erreichen E. Hillary und T. Norgay den Gipfel. Aufstiegsroute: Eisfall, Western CWM, Südsattel und Südostgrat.
1956 Der von A. Eggler geleiteten Schweizer Expedition glückt die zweite Besteigung des Everest über die Route der Erstbesteiger. Am 23. Mai stehen J. Marmet und E. Schmied auf dem Gipfel. Am 24. Mai erreichen H.R. von Gunten und A. Reist ebenfalls den Gipfel.
1960 Eine chinesische Expedition steigt erstmals über den Nordostgrat auf. Von chinesischer Seite wird behauptet, dass W. Fu-chou, C. Yin-hua und der Tibetaner Gonpa am 25. Mai den Gipfel erreicht haben.
1963 Die Amerikaner T. Hornbein und W. Unsoeld überschreiten erstmals den Everest (22. Mai). Aufstiegsroute: Westgrat, Hornbeincouloir; Abstiegsroute über den Südostgrat.
1965 Zwischen dem 20. und 29. Mai erreichen die Bergsteiger einer indischen Expedition über die Route von 1953 den Gipfel: A.S. Cheema, N. Gombu, S. Gyatso, S. Wangyal, C.P. Vohra, A. Kami, H.P.S. Ahluwalia, H. Chandra, S. Rawat, P. Dorje.
1970 Die Saburo-Matsukata-Expedition versucht über die Südwestwand und über die Normalroute über den Südsattel aufzusteigen. Am 11. Mai stehen T. Matsuura und N. Uemura auf dem Gipfel. Am 12. Mai erreichen K. Hirabayashi und der Sherpa Chotare den Gipfel.

Zeittafel – Alle Besteigungen bis 1996

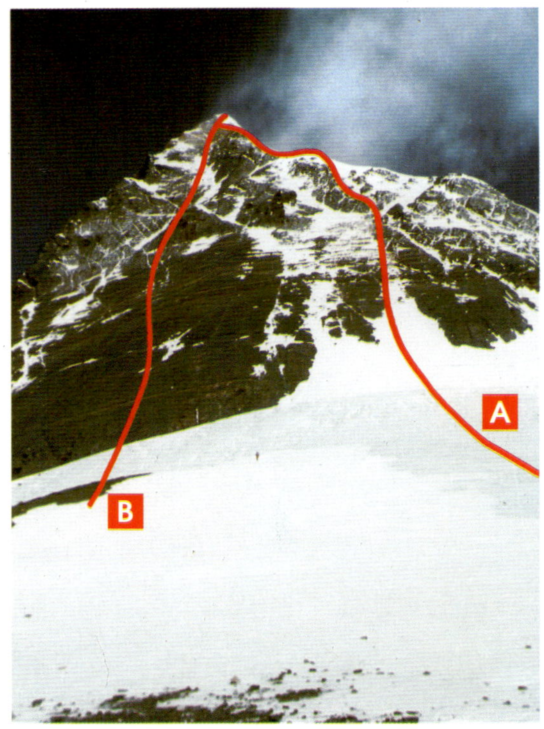

28 oben links
29. Mai 1953: Tenzing Norgay steht auf dem Gipfel des Everest.

28 unten links *Die amerikanische Route aus dem Jahr 1963 führt über die Westschulter, den Westgrat und das Hornbeincouloir (A).*

28 oben rechts
1956: Den Schweizern Jürg Marmet und Ernst Schmied glückt die zweite Everestbesteigung.

28 unten rechts
Die britische Route von 1953 führt über den Südgipfel (A). Die Route der Polen im Jahr 1980 über den Südpfeiler (B).

1973 Eine italienische Expedition steigt über die klassische nepalesische Route auf. R. Carrel, M. Minuzzo und die Sherpas S. Tamang und L. Tenzing erreichen am 5. Mai den Gipfel; zwei Tage später gelingt auch C. Benedetti, V. Epis, F. Innamorati und S. Gyzalen die erfolgreiche Besteigung.
1973 Eine japanische Expedition versucht über die Südwestwand und gleichzeitig über die klassische Südsattelroute aufzusteigen. Am 26. Oktober geben sie die Besteigung der Südwestwand auf; am gleichen Tag erreichen jedoch H. Ishiguro und Y. Kato den Gipfel vom Südsattel aus.
1975 E. Hisano leitet eine japanische Frauenexpedition über die klassische nepalesische Route. J. Tabei erreicht am 16. Mai den Gipfel als erste Frau zusammen mit dem Sherpa A. Tshering.
1975 Einer chinesischen Expedition glückt die erste Besteigung über den Nordwestgrat. Fünf Tibetaner (darunter eine Frau) und ein Chinese erreichen den Gipfel. Phantog steht als

zweite Frau auf dem Gipfel des Everest; auch S. Norbu, Lotse, Samdrub, Darphuntso, K. Pasang, T. Tobgyal, Ngapo, Khyen und H. Shrng-fu erreichen den Gipfel.
1975 Einer britischen Expedition unter Ch. Bonington glückt die erste Durchsteigung der Südwestwand. D. Haston und D. Scott erreichen am 24. September den Gipfel, zwei Tage später auch P. Boardman, der Sherpa Pertemba und M. Burke.
1976 Englisch-nepalesische Expedition unter T. Streather über die klassische Südsattelroute. Am 16. Mai stehen M. Lane und J. Stokes auf dem Gipfel.
1976 Amerikanische Expedition über die klassische nepalesische Route. Ch. Chandler und R. Cormack erreichen am 8. Oktober den Gipfel.
1977 Südkoreanische Expedition unter Führung von Y.D. Kim. K. Sang-Don und der Sherpa P. Norbu erreichen am 15. September den Gipfel.
1978 Österreichische Expedition unter der Leitung von W. Nairz. Nairz, R. Schauer, H. Bergmann und der Sherpa A. Phu gelangen über die klassische nepalesische Route am 3. Mai auf den Gipfel. Am 8. Mai glückt R. Messner und P. Habeler die erste Besteigung des Everest ohne künstlichen Sauerstoff. Am 11. Mai wiederholt R. Karl diese Route, gefolgt von O. Ölz und F. Oppburg am 14. Mai (mit künstlichem Sauerstoff).
1978 Eine deutsche Expedition unter der Leitung von K. Herrligkoffer steigt über die klassische nepalesische Route auf. Am 14. Oktober erreichen S. Mack, H. Hillmaier und H. Engl den Gipfel, zwei Tage später gefolgt von der Polin W. Rutkiewicz, dem Schweizer R. Allenbach, den Deutschen S. Hupfauer und W. Klimek sowie den Sherpas M. Dorje und A. Kami. Am 17. Oktober stehen die Deutschen G. Ritter und B. Kullmann auf dem Gipfel.
1978 Französische Expedition über die klassische nepalesische Route. J. Afanassieff, N. Jaeger, P. Mazeaud und K. Diemberger erreichen den Gipfel am 15. Oktober.
1979 Deutsche Expedition über die klassische nepalesische Route. Am 1. Oktober erreichen die Deutschen G. Schmatz und H. Warth, der Schweizer H. von Känel sowie die Sherpas L. Gyalzo und Pertemba den Gipfel. Am nächsten Tag wird diese Route von R. Genet, den Deutschen H. Schmatz, G. Kämpfe und T. Fischbach, N. Banks sowie den Sherpas Sundare, A. Phurba und A. Jangbo wiederholt.
1980 Eine polnische Expedition steigt über die klassische nepalesische Route auf. Die erste Winterbegehung erfolgt am 17. Februar durch L. Cichy und K. Wielicki.
1980 Einer japanischen Expedition gelingt die erste Durchsteigung durch die Nordwand, durch das Japanercouloir und das Hornbeincouloir. Am 10. Mai stehen T. Osaki und T. Shigehiro auf dem Gipfel. Y. Kato bezwingt den Everest im Alleingang über den Nordostgrat.
1980 Baskische Expedition unter J.I. Lorente über die klassische nepalesische Route. Am 14. Mai stehen M. Zabaleta und der Sherpa P. Temba auf dem Gipfel.
1980 Polnische Expedition unter A. Zawada. Erste Besteigung über den Südpfeiler. J. Kukuczka und A. Czok stehen am 19. Mai auf dem Gipfel.
1980 Erster Alleingang von R. Messner ohne künstlichen Sauerstoff und über eine neue Route. Diese führt zunächst über den Nordostgrat, traversiert dann in die Nordwand und folgt dem Nortoncouloir weiter.

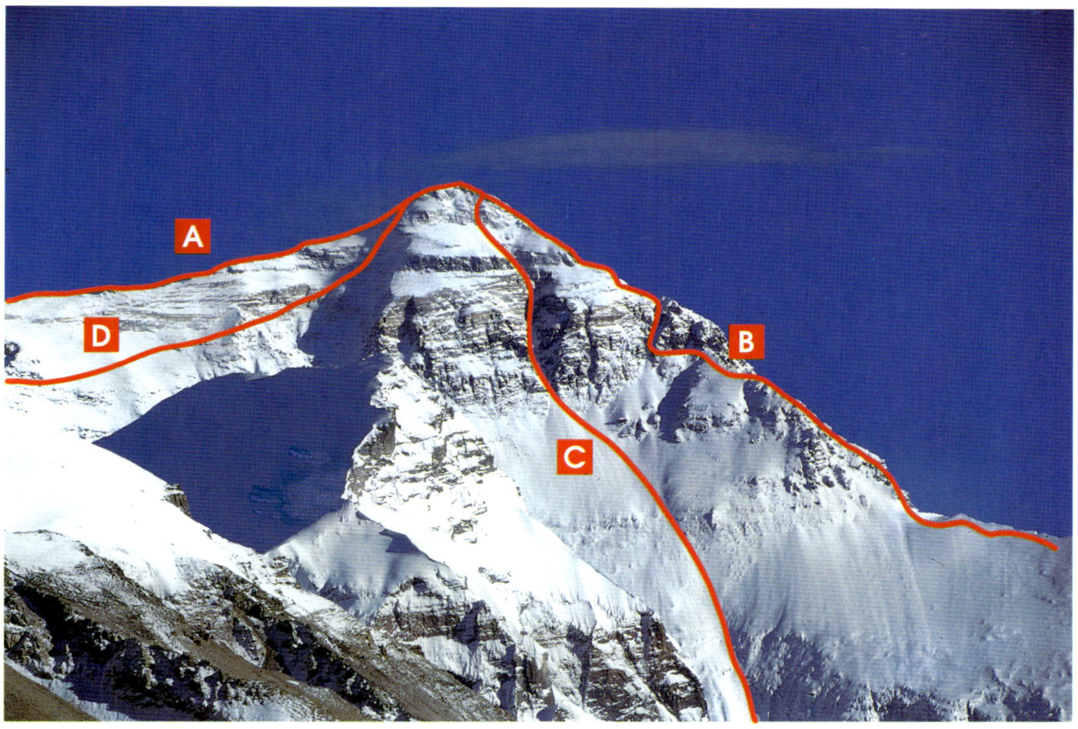

29 links *Die Route der Chinesen von 1960 (A). Die jugoslawische Route aus dem Jahr 1979 (B). Die japanische Route von 1980 (C). Die Variante von Reinhold Messner über die Nordwand (D).*

29 oben rechts *Am 22. Mai 1963 eröffnen die Amerikaner Tom Hornbein mit Willi Unsoeld eine neue Route.*

29 unten rechts *Die Expedition von Chris Bonington im Jahr 1975 steigt über die Südwestwand auf (A).*

1981 Eine amerikanische Expedition unter Leitung von J.B. West geht eine leicht veränderte Route des klassischen Aufstiegs in den Südsattel: Sie verbinden damit den Südpfeiler mit dem Südostgrat. Am 21. Oktober stehen Ch. Kopczynski und der Sherpa Sundare auf dem Gipfel. Drei Tage später wiederholen P. Hackett und der Sherpa Y. Tenzing diese Begehung.
1982 E. Tamm leitet die erste russische Expedition. Ihr gelingt die Erstbesteigung über den Pfeiler nordwestlich der Südwestwand. Zwischen dem 4. und 9. Mai erreichen elf Bergsteiger den Gipfel: E. Myslovski, S. Bershov, M. Turkevich, Y. Golodov, V. Balyberdyn, V. Ivanon, V. Ephimov, K. Valiev, V. Khrishchaty, V. Puchkov und V. Khomutov.
1982 Kanadische Expedition unter W. March über die klassische nepalesische Route: Am 5. Oktober erreichen L. Skreslet sowie die Sherpas L. Dorje und Sundare den Gipfel, am 7. Oktober P. Morrow und die Sherpas P. Dorje und L. Tshering.
1982 27. September: Erster Alleingang über den Südsattel durch Y. Kato.
1983 Amerikanische Expedition unter G. Lenser über die klassische nepalesische Route: Am 7. Mai stehen P. Jamieson, G. Roach, D. Breashears, L. Nielson und der Sherpa A. Rita auf dem Gipfel; am 14. Mai G. Neptune, J. Staes und der Sherpa L. Dorje II.
1983 J. Morrisey leitet eine amerikanische Expedition. Ihr gelingt die Erstdurchsteigung der Ostwand. Am 8. Oktober erreichen C. Buhler, K. Momb und L. Reichardt den Gipfel, am nächsten Tag J. Casell, G. Lowe und D. Reid.
1983 Japanische Expedition über den Südpfeiler und den Südostgrat. Am 8. Oktober erreichen H. Kawamura und S. Suzuki den Gipfel.
1983 Japanische Expedition über die klassische nepalesische Route. H. Endo, H. Yoshino und H. Kamuro stehen am 8. Oktober auf dem Gipfel.
1983 Japanische Winterexpedition unter K. Takahashi über die klassische nepalesische Route. Am 16. Dezember erreichen den Gipfel: T. Ozaki, N. Yamada, K. Murakami und der Sherpa N. Yonden.
1984 Bulgarische Expedition unter A.I. Avramov. H. Ivanov Prodanov gelingt im Alleingang ohne künstlichen Sauerstoff der Aufstieg über den Westgrat. Am 8. und 9. Mai wiederholen I. Vulchev, M.S. Savov, N. Petkov und K. Doskov diese Route und steigen über die klassische Südsattelroute ab.
1984 Indische Expedition unter D.K. Kullar über die klassische nepalesische Route. Am 9. Mai steht der Sherpa P. Dorje auf dem Gipfel. Am 23. Mai wiederholen B. Pal, D. Lhatoo, S. Palzor und der Sherpa A. Dorje diese Route.
1984 Einer australischen Expedition unter G. Bartram gelingt die Besteigung durch das Nortoncouloir. T. McCartney-Snape und G. Mortimer stehen am 3. Oktober auf dem Gipfel des Everest.
1984 Tschechische Expedition unter F. Kele über den Südpfeiler. Am 15. Oktober stehen J. Psotka, Z. Demjan und der Sherpa A. Rita auf dem Gipfel.
1984 Am 20. Oktober eröffnet P. Ershler eine neue Route, die vom Nordostgrat ausgeht, die Nordwand auf 7300 m quert und dann in das Nortoncouloir übergeht. Ershler gehört zu der von L.W. Whittaker geleiteten Gruppe.
1985 Norwegische Expedition unter A. Naess über die klassische nepalesische Route. Zwischen dem 21. und 30. April erreichen neun Bergsteiger und acht Sherpas den Gipfel: O. Eliassen, B. Myrer-Lund, Pertemba, A.L. Dorje, Ch. Bonington, D. Norbu, A. Naess, S. Assheim, H. Nesheim, R. Höibakk, Sundare, A. Rita, P. Dorje , Ch. Rinzing, R. Bass, D. Breashears und A. Phurba II.
1985 Katalanische Expedition über den Nordsattel und den Nordostgrat. Am 28. August stehen T. Sors, O. Cadiach und C.s Vallés mit den Sherpas A. Karma, S. Tamang und N. Shrestha auf dem Gipfel.
1985 Japanische Expedition über die klassische nepalesische Route. E. Akutsu, S. Kimoto, H. Nazuka, T. Saegusa, M. Sato, K. Yagihara und N. Yamada erreichen am 30. Oktober den Gipfel.
1986 Kanadische Expedition unter J. Elzinga über den Westgrat von tibetanischer Seite. Am 20. Mai gelangen S. Wood und D. Congdon auf den Gipfel.
1986 Französisch-Schweizer Expedition unter P. Béghin. Den Schweizern Troillet und E. Loretan glückt ein extrem schneller Aufstieg über das Japanercouloir und das Hornbeincouloir.

30 links Die Route der Russen führt 1982 über den Südwestpfeiler (A).

30 rechts Eine amerikanische Expedition steigt 1983 über eine sehr schwierige Route in der Ostwand auf (A). Im Mai 1988 eröffnet der Brite Stephen Venables mit zwei Gefährten eine neue Route links der normalen Aufstiegsroute vom Südsattel (B).

1987 Südkoreanische Winterexpedition unter H. Tak-Young über die klassische nepalesische Route. H. Young-ho und der Sherpa A. Rita stehen am 22. Dezember auf dem Gipfel.
1988 Einer chinesisch-japanischen Expedition gelingt die erste Nordsüdüberschreitung (Nordsattel-Gipfel-Südsattel). Nach dem Aufstieg über den Nordostgrat gelangen der Japaner N. Yamada, der Sherpa A. K. Nuru und der Tibetaner C. Dorje auf den Gipfel. Gegen 13 Uhr erreicht ein japanisches Fernsehteam über den Nordostgrat den Gipfel (S. Nakamura, S. Nakamura und T. Saegusa), gefolgt von drei weiteren Bergsteigern (M. Yamamoto, L. Zhixin und dem Sherpa K. Sona). Kurz darauf steigen die ersten beiden Teams auf der entgegengesetzten Seite ab und vervollständigen damit die Traversierung. Schließlich glückt auch den Nepalesen Sundare und P. Bahadur die Besteigung vom Südsattel aus.
1988 Am 12. Mai gelingt S. Venables zusammen mit E. Webster und R. Anderson die Besteigung des Everest über eine neue Route von der Ostseite.
1988 Australische Expedition unter A. Brookes über die klassische nepalesische Route. Am 25. Mai stehen P. Bayne und P. Cullinan auf dem Gipfel. Diesen Anstieg wiederholt J. Mair am 28. Mai.
1988 Französische Expedition unter F. Poissonier über die klassische nepalesische Route. Am 26. September stehen J.-M. Boivin, M. Metzger, J.-P. Frachon, G. Vionnet-Fuasset, A. Georges sowie die Sherpas P. Tshering, S. Tshering und Ajiwa auf dem Gipfel.
1988 Südkoreanische Expedition unter Ch. Chang-Min über den Südpfeiler und die klassische nepalesische Route. Am 26. September stehen K. Chang-Sun, U. Hong-Gil und der Sherpa P. Dorje auf dem Gipfel. Diese Route wiederholen am 29. September J. Bong-Wan, Ch. Byong-Ho und Ch. Seung-Kwon und am 2. Oktober N. Sun-Woo.
1988 Der französische Bergsteiger M. Batard besteigt den Everest ohne künstlichen Sauerstoff über die Südsattel-Route; er steigt in $22^{1}/_{2}$ Stunden vom Basislager bis auf den Gipfel in den Aufstiegsspuren, die andere Bergsteiger hinterlassen haben.
1988 Amerikanische Expedition unter J. Frush über die nepalesische Route. Am 29. September stehen S. Allison und der Sherpa P. Gyzalen auf dem Gipfel. Am 2. Oktober wiederholen P. Luce und G. Tabin mit den Sherpas N. Tashi, P. Dorje und D. Tshering diesen Anstieg.
1988 Französische Expedition über die klassische nepalesische Route. S. Koenig, L. Sonam und (wahrscheinlich) P. Temba erreichen am 13. Oktober den Gipfel.

31 oben links Die Ershler-Route von 1984 (A). Wenig später steigt eine australische Expedition über das Nortoncouloir auf (B).

31 unten links Zwei Briten bei der Eröffnung der neuen Route über die Ostwand im Jahr 1988.

31 rechts Im Oktober 1982 steigt eine kanadische Expedition unter Leitung von W. March über die klassische Route von der nepalesischen Seite her auf.

1988 Katalanische Expedition unter L. Belvis über die klassische nepalesische Route. Am 14. Oktober stehen N. Bohigas, J. Lopez und L. Giner sowie die Sherpas A. und N. Rita auf dem Gipfel.
1988 Neuseeländische Expedition über die klassische nepalesische Route. L. Bradey erreicht am 14. Oktober ohne künstlichen Sauerstoff den Gipfel.
1988 Tschechische Expedition unter I. Fiala über die Südwestwand. J. Just erreicht am 17. Oktober den Gipfel.
1989 Jugoslawische Expedition unter J. Poposki über die klassische nepalesische Route. Der Kroate S. Bozic, der Makedonier D. Ilijevski und der Slowene V. Groselj erreichen mit den Sherpas Ajiwa und S. Tshering am 10. Mai den Gipfel.
1989 Amerikanische Expedition unter W. McConnel über die klassische nepalesische Route. Am 16. Mai stehen der Mexikaner R. Torres sowie die Sherpas A. Dannu und P. Dorje auf dem Gipfel.
1989 Amerikanische Expedition unter K. Fellerhoff über die klassische nepalesische Route. Am 24. Mai stehen der Brite A. Burgess und der Australier R. Mackenzie sowie die Sherpas A.L. Nuru und S. Dendu auf dem Gipfel.
1989 Polnische Expedition über den Westgrat und das Hornbeincouloir. Am 24. Mai erreichen E. Chrobak und A. Marciniak den Gipfel.
1989 Japanische Expedition unter K. Kanazawa über die klassische nepalesische Route. T. Mitani, H. Ohnishi, A. Yamamoto und die Nepalesen T.T. Lama und C. Dorje erreichen am 13. Oktober den Gipfel.
1989 Südkoreanische Expedition unter K. In-Tae über den Südpfeiler und den Südostgrat. C. Kwang-Je erreicht am 13. Oktober den Gipfel.
1989 Mexikanische Expedition über die klassische nepalesische Route. C. Carsolio steht am 13. Oktober auf dem Gipfel.

1989 Südkoreanische Expedition unter L. Suk-Woo über den Westgrat. Ch. Sang-Yong sowie die Sherpas N. Jangbu und N. Rita stehen am 23. Oktober auf dem Gipfel.
1990 Nepalesische Militärexpedition unter Ch.B. Gurung über die klassische nepalesische Route. A. Rita, A. Kami, P. Norbu und T.B. Khatri erreichen am 23. April den Gipfel.
1990 Internationale Expedition unter J. Whittaker über den Nordsattel und den Nordostgrat. Am 7. Mai stehen die Amerikaner R. Gall und S. Gall, die Russen S. Arsentiev, der Kasache G. Luniakov, die Tibetaner D. Cheme und G. Bu auf dem Gipfel. Am nächsten Tag glückt den Amerikanern E. Viesturs und I. Wade, dem Ukrainer M. Gorbenko und dem Kasachen A. Tselinshchev ebenfalls die Besteigung. Am 9. Mai erreichen vier Tibetaner den Gipfel: G. Sang, D. Qiong, L. Tse und R. Na. Schließlich stehen am 10. Mai die Russen Y. Ivanova, A. Moshnikov und A. Tokarev, der Kasache E. Ilynski, der Amerikaner M. Tucker und der Tibetaner Wang-Ja auf dem Gipfel. Arsentiev, Luniakov, Viesturs und Moshnikov erreichen den Gipfel ohne künstlichen Sauerstoff.

32 oben links *Die von Marc Batard geleitete Expedition erreicht am 5. Oktober 1990 den Gipfel des Everest über die klassische nepalesische Route.*

32 unten links *Der französische Bergsteiger Christine Janin auf dem Weg zum Gipfel des Everest. Hier auf einer Höhe von 8500 m.*

32 rechts *Die Route der italienischen Expedition aus dem Jahr 1991 (A).*

33 oben *Im Herbst 1992 wird der Everest von der italienischen EV-K2-CNR-Expedition neu vermessen.*

33 unten *Die Nordwand des Everest ist in den 90er Jahren Ziel unzähliger Expeditionen.*

1990 Amerikanische Expedition unter G. Porzak über die klassische nepalesische Route. Am 10. Mai erreichen P. Athans, G. Porzak, D. Coffield, B. Manning und M. Browning mit den Sherpas A. Jangbu, N. Tashi und D. Nuru den Gipfel. Am 11. Mai steht auch A. Lakpass auf dem Gipfel.
1990 Internationale Expedition unter der Leitung von R. Hall über die klassische nepalesische Route. Am 10. Mai stehen die Neuseeländer R. Hall, P. Hillary und G. Ball, der Belgier R. van Snick und der Sherpa Apa auf dem Gipfel. Am nächsten Tag glückt auch den Schweden M. Reutersward und O. Khilborg eine erfolgreiche Besteigung.
1990 Der Australier T. McCartney-Snape bricht zu Fuß mit zwei Freunden am Golf von Bengalen auf. Nachdem er das Basislager des Everest auf der nepalesischen Seite erreicht hat, setzt er seinen Weg über die klassische Südsattelroute fort. Er erreicht den Gipfel am 11. Mai ohne künstlichen Sauerstoff.
1990 Kommerzielle Expedition unter Leitung des Amerikaners H. Aprin über die klassische nepalesische Route. Den Gipfel erreichen am 4. Oktober A. Lowe und der Kanadier D. Culver, gefolgt vom Expeditionsleiter und von A. Temba am nächsten Tag. Schließlich gelingt am 7. Oktober auch der Amerikanerin C. Gibson, dem Russen A. Krasnokutsky und dem Sherpa Phinjo eine erfolgreiche Besteigung.
1990 Französische, kommerzielle Expedition unter L. de la Ferrière über die klassische nepalesische Route. Am 4. Oktober erreicht Y. Salino den Gipfel. Diese Route wird drei Tage später auch von J.-N. Roche, B. „Zebulon" Roche, D. Pivot, A. Desez, dem Holländer R. de Bos sowie den Sherpas A. Phurba III und N. Dorje wiederholt.
1990 Französische Expedition über die klassische nepalesische Route. Den Gipfel erreichen am 5. Oktober: E. Decamp, M. Batard, Ch. Janin, P. Tournaire sowie die Sherpas N. Thile und S. Dendu. Am nächsten Tag glückt auch dem Sherpa B. Tshering die Besteigung.
1990 Japanisch-südkoreanische Expedition unter N. Kuwahara und R. Jong-Baek über die klassische nepalesische Route. Am 6. Oktober stehen K. Jee-Soo, P. Chang-Woo und B. Jin Young mit den Sherpas D. Sange und P. Dorje auf dem Gipfel.
1990 Slowenische Expedition unter T. Jamnik über die klassische nepalesische Route. Am 10. Mai erreichen A. Stremfelj, seine Frau Marija, J. Jeglic und der Sherpa L. Rita den Gipfel.
1991 Sherpaexpedition unter Lopsang über die klassische nepalesische Route. Am 8. Mai stehen A. Temba II, S. Dendu, Apa und der Amerikaner P. Asthans auf dem Gipfel.
1991 Amerikanische Expedition über die klassische nepalesische Route. Am 15. Mai erreichen M. Richey, R. Wilcox,

B. Rugo und der Kanadier Y. La Forest den Gipfel.
1991 Amerikanische Expedition über die klassische tibetanische Nordsattelroute. Am 15. Mai stehen auf dem Gipfel: E. Simonson, B. Sloezen, G. Dunn und A. Politz mit den Sherpas L. Dorje und A. Dawa. Zwei Tage später gelingt auch dem Neuseeländer M. Perry eine Besteigung. Schließlich erreichen der Neuseeländer M. Whetu und der Amerikaner B. Okida am 21. Mai den Gipfel. Als Letzter erreicht der Amerikaner G. Wilson am 24. Mai den Gipfel.
1991 Amerikanische Expedition unter R. Link und E. Viesturs über die klassische nepalesische Route. Viesturs erreicht am 15. Mai den Gipfel.
1991 Eine schwedische Expedition unter J. Berg steigt durch die Nordwand (Japanerroute und Hornbeincouloir). Den Sherpas M. Norbu und Gyalbu gelingt am 15. Mai die Besteigung, gefolgt von L. Crinl am 16. Mai.
1991 Eine italienische Expedition unter O. Forno geht eine teilweise neue Route entlang des Nortoncouloirs; sie führt links der australischen Route von 1984 und dann über den schwierigen Felsabbruch, der das Couloir auf 8400 m blockiert. B. Bonali und L. Sulovsky erreichen am 17. Mai den Gipfel.
1991 Internationale Expedition unter H. Taylor und R. Brice über die klassische tibetanische Nordsattelroute. Die Sherpas B. Tshering und Chuldin stehen am 22. Mai auf dem Gipfel.
1991 Japanische Expedition über die klassische tibetanische Nordsattelroute. Am 27. Mai stehen auf dem Gipfel: M. Nikita, J. Futagami und die Sherpas F.N. Nima und Dorje.
1991 Spanische Expedition über die klassische nepalesische Route. J.A. Garcés, F.J. Pérez, R. Vidaurre und A. Ubieto erreichen am 6. Oktober den Gipfel.
1991 Russisch-amerikanische Expedition über die klassische nepalesische Route. Der Russe V. Balyberdin und der Kasache A. Boukreev stehen am 7. Oktober auf dem Gipfel. Am 10. Oktober sind der Georgier R. Giutashvili und der Amerikaner D. Mazur erfolgreich.
1992 Indische Expedition unter H. Singh über die klassische nepalesische Route. Am 10. Mai erreichen P. Singh, S.D. Sharma und K. Pokhriyal den Gipfel. Am 12. Mai sind auch die Sherpas Lobsang, Sange und Wangchuk sowie S. Yadev und M.S. Gunjyal erfolgreich.
1992 Internationale Expedition über die klassische nepalesische Route. Den Gipfel erreichen am 12. Mai: der Neuseeländer R. Hall, G. Ball, G. Cotter, die Amerikaner N. Gillette, D. Mantle und R. Danta, der Hongkong-Chinese Ch. Yick-Kai, der Israeli D. Erel, die Belgierin I. Baeyerns sowie die Sherpas S. Tshering, A. Dorje II, T. Tshering, Apa und A. Dawa.
1992 Niederländische Expedition über die klassische nepalesische Route. Den Gipfel erreichen am 12. Mai: R. Naar, E. Öfner sowie die Sherpas D. Tashi und N. Temba.
1992 Russische Expedition unter V. Volkov über die klassische nepalesische Route. Am 12. Mai erreichen A. Gerasimov, A. Volkov, I. Dusharin und I. Sabelnikov den Gipfel, gefolgt von S. Penzov, V. Zakharov, Y. Vinogradsky und F. Konyukhov am 14. Mai.
1992 Amerikanische Expedition unter T. Burleson über die klassische nepalesische Route. Am 12. Mai erreichen S. Horner, L. Bowen und V. Tejas mit den Sherpas D. Temba und A. Gyzalen, am 15. Mai P. Athans, T. Burleson, H. Morton, der Brite K. Kerr sowie die Sherpas L. Rita, M.B. Tamang und Dorje den Gipfel.
1992 Chilenische Expedition durch die Ostwand bis zum Südsattel und weiter über die klassische nepalesische Route. Am 15. Mai erreichen C.-G. Huidobro, R. Jordan und J.-S. Montes den Gipfel.
1992 Spanische Expedition unter F. Soria über den Südpfeiler. F. Gan, A. Juez und R. Portilla erreichen mit den Sherpas L. Nuru und P. Norbu II am 15. Mai den Gipfel.
1992 Chilenische Expedition über die klassische nepalesische Route. M. Purto und die Sherpas A. Rita und A. Phuri stehen am 15. Mai auf dem Gipfel.
1992 Internationale Expedition unter dem Tschechen M. Smid über die klassische nepalesische Route. Am 15. Mai erreicht der Brite J. Pratt den Gipfel.
1992 Baskische Expedition unter P. Tous über die klassische nepalesische Route. Auf dem Gipfel stehen am 25. September: P. Eguillor, P. Fernández, A. Iñurrategi und F. Iñurrategi, am 1. Oktober J. Bereziartua und am 3. Oktober M. Reparaz, P. Tous und J. Tomás.
1992 Italienische Expedition unter A. Da Polenza über die klassische nepalesische Route. Am 28. September erreichen G. Petigax, L. Mazzoleni, M. Panzeri, der Franzose P. Royerand und der Sherpa L. Nuru und am nächsten Tag O. Santin, A. Blanc, G. Verza und der Franzose B. Chamoux den Gipfel.
1992 Internationale Expedition unter Leitung des Franzosen B. Muller über die klassische nepalesische Route. Am 1. Oktober erreicht der Luxemburger E. Berger den Gipfel.
1992 Internationale Expedition unter dem Deutschen R. Dujmovits über die klassische nepalesische Route. Am 4. Oktober erreichen Dujmovits und der Sherpa S. Tshering den Gipfel.
1992 Internationale Expedition unter dem Franzosen M. Vincent über die klassische nepalesische Route. Vincent erreicht am 7. Oktober den Gipfel, der Amerikaner S. Darsney am 9. Oktober.
1992 Internationale Expedition unter dem Amerikaner W. Berg über die klassische nepalesische Route. Auf dem Gipfel stehen am 8. Oktober: Berg, der Peruaner A. Ortega, der Mexikaner A. de la Parra sowie die Sherpas Apa und P. Kami.
1992 Französische Expedition unter Leitung von M. Pellé. Am 9. Oktober erreichen Pellé, P. Grenier, T. Defrance, A. Russey und P. Aubertin den Gipfel.

1993 Koreanische Expedition unter Oh in-Hwan. Ihr gelingt eine nicht geplante Überschreitung von Nord nach Süd. H. Young-Ho und der Sherpa Ngati hatten den Gipfel über die klassische Nordsattelroute erreicht und entschlossen sich wegen des schlechten Wetters auf die nepalesische Seite abzusteigen.
1993 Sherpaexpedition unter Leitung von P. Lhamu über die klassische nepalesische Route. Am 22. April erreichen P. Lhamu, S. Tshering, D. Tashi, L. Nuru, P. Nuru und N. Thile den Gipfel.
1993 Chinesisch-taiwanesische Expedition unter Leitung des Chinesen Z. Shu-sheng über die klassische tibetanische Nordsattelroute. Am 5. Mai stehen die Chinesen Chhimi, Gyatso, Khetsun, Phubu, W. Yong-Feng und der Taiwaner W. Chin-Hsiung auf dem Gipfel.

1993 Internationale Expedition unter dem Amerikaner T. Burleson über die klassische nepalesische Route. Auf dem Gipfel stehen am 10. Mai: Die Amerikaner A. Lowe, J. Helenek, J. Dufficy, W. Berg, der Kanadier M. Sutton und die Sherpas Apa, D. Nuru und Ch. Temba.
1993 Südkoreanische Frauenexpedition über die klassische nepalesische Route. Am 10. Mai stehen J. Hyun-Ok, Ch. Oh-Soon sowie die Sherpas A. Dawa, A. Tshering, S. Dendu und Rinzin auf dem Gipfel.
1993 Internationale Expedition unter T. Tenzing über die klassische nepalesische Route. Am 10. Mai erreichen der Australier M. Groom und der Inder L.T. Buthia den Gipfel.
1993 Britische Expedition unter J. Barry über die klassische nepalesische Route.

Am 10. Mai erreicht H. Taylor den Gipfel. Am 17. Mai sind auch R. Stephens und die Sherpas A. Pasang und K. Tshering erfolgreich.
1993 Indische Frauenexpedition unter Leitung von B. Pal über die klassische nepalesische Route. Am 10. Mai stehen D. Dolma, S. Yadav, K. Bhutia, B. Kunwer und die Sherpas O. Chiring, N. Temba und K. Dorje auf dem Gipfel. Am 16. Mai sind auch R.D. Thakur, R. Sharma, D. Sharma, S. Martolia, N. Dolma, S. Kutyal sowie die Sherpas N. Dorje, Tenzing, L. Jangbu und N. Temba über diese Route erfolgreich.
1993 Amerikanische Expedition unter Leitung von M. Sinclair über die klassische nepalesische Route. Am 10. Mai stehen M. (Dolly) Lefever, M. Selland, Ch. Armatys sowie die Sherpas P. Temba und M.L. Gurung auf dem Gipfel. Am 16. Mai gelingt auch M. Sinclair, M. Rabold und den Sherpas Phinzo, Dorje und D. Tamang eine Besteigung.
1993 Internationale Expedition über die klassische nepalesische Route. Den Gipfel erreichen am 10. Mai: der Finne V. Gustaffson, die Neuseeländer J. Arnold, R. Hall und J. Gluckman sowie die Sherpas A. Chumbi, A. Dorje und Nuru.
1993 Am 10. Mai erreicht der Litauer V. Vitkauskas den Gipfel über die Südsattelroute.
1993 Russische Expedition unter A. Volgin. Nach einem Versuch über den Westgrat steigt die Gruppe über die klassische nepalesische Route auf. Am 10. Mai erreicht A. Muraviov den Gipfel, am 15. Mai V. Janochkin, am 16. Mai V. Bashkirov und am 17. Mai V. Koroteyev.
1993 Katalanische Expedition unter L. Belvis über die klassische nepalesische Route. Am 16. Mai stehen J. Pujante und der Sherpa A. Phurba, am nächsten Tag O. Cadiach auf dem Gipfel.
1993 Baskische Expedition unter J. Fejioo über die klassische nepalesische Route. Am 16. Mai erreichen J.M. Oñate, A. Zerain, J.R. Aguirre sowie die Sherpas Jongbu und A. Rita den Gipfel.
1993 Amerikanische Expedition über die klassische nepalesische Route. Am 16. Mai erreichen K. Brown und J. Harris den Gipfel.
1993 Südkoreanische Expedition unter L. Jong-Ryang. Nach einem Versuch über die Südwestwand steigen sie über die klassische nepalesische Route auf. P. Young-Seok, A. Jin-Seob, K. Tae-Kon und der Sherpa Kaji erreichen am 16. Mai den Gipfel.
1993 Irische Expedition über die klassische tibetanische Nordsattelroute. Am 27. Mai erreicht D. Stelfox den Gipfel.
1993 Südkoreanische Expedition unter L. Hyung-Chil über die klassische tibetanische Nordsattelroute. Am 6. Oktober stehen P. Huyn-Jae und der Sherpa P. Nuru auf dem Gipfel.
1993 Französische Militärexpedition über die klassische nepalesische Route. Den Gipfel erreichen am 6. Oktober: F. Bernard, A. Cayrol, E. Gramond mit den Sherpas Gyalbu und D. Tashi und einen Tag später Estève, H. Giot sowie die Sherpas Nuru und Gombu.
1993 Baskische Expedition über den Südpfeiler. Am 7. Oktober erreichen Oiarzabal und der Sherpa O. Chiring den Gipfel.
1993 Britische Expedition über die klassische nepalesische Route. S. Bell, G. Harrison, G. Hoyland, S. McIver, der Spanier R. Blanco, der Amerikaner G. Pfisterer und die Sherpas N. Temba, P. Kamo und Dorje erreichen am 7. Oktober den Gipfel, M. Barnicott, D. Hempleman-Adams, L. Nobbman sowie die Sherpas Tenzing, N. Temba, L. Gelu und A. Pasang am 9. Oktober.
1993 Internationale kommerzielle Expedition unter dem Briten J. Tinker über die klassische tibetanische Nordsattelroute. Am 9. Oktober stehen der Pole M. Berbeka und der Sherpa L. Nuru, am nächsten Tag Tinker und der Sherpa B. Tshering auf dem Gipfel.
1993 Japanische Expedition unter K. Yagihara, Y. Ogata und H. Nazuka. Erste Winterbegehung der Südwestwand. Nach nur drei Wochen Akklimatisierung stehen H. Nazuka und F. Goto am 18. Dezember auf dem Gipfel, am 20. Dezember O. Tanabe und S. Exuka und am 22. Dezember Y. Ogata und R. Hoshino.
1994 Japanische Expedition unter M. Hongo über den Südpfeiler. Am 8. Mai stehen K. Suzuki, W. Atsuta sowie die Sherpas N. Dorje, D. Tshering, N. Temba und L. Nuru auf dem Gipfel. T. Ishikawa sowie die Sherpas N. Temba, D. Tashi und P. Tshering erreichen am 13. Mai den Gipfel.
1994 Kommerzielle Expedition über die klassische nepalesische Route. Auf dem Gipfel stehen am 9. Mai: der Neuseeländer R. Hall, die Amerikaner E. Viesturs, H. Wendel, D. Keaton und D. Taylor, die Deutschen H. Seitzl und E. Gundelbach, der Norweger E. Kagge sowie die Sherpas A. Dorje und N. Norbu.
1994 Amerikanische Expedition über die klassische nepalesische Route. Am 13. Mai stehen Goryl, R. Hess, S. Fisher, B. Bishop und die Sherpas L. Sangbu und S. Dindu auf dem Gipfel.
1994 Internationale kommerzielle Expedition über die klassische nepalesische Route. Auf dem Gipfel stehen am 13. Mai: die Amerikaner T. Burleson, R. Cedergreen, P. Athan und P. Morrow, der Pole R. Pawlowski, T.M. Bahadur sowie die Sherpas L. Rita, Ch. Nima, K. Rita und Dorje.
1994 Kommerzielle Expedition unter dem Amerikaner E. Simonson über die klassische tibetanische Nordsattelroute. D. Hahan steht am 19. Mai auf dem Gipfel, M. Whetu und M. Rheinberger sind am 26. Mai erfolgreich und B. Sloezen erreicht am 31. Mai den Gipfel.
1994 Japanische Expedition über die klassische nepalesische Route. M. Nukita sowie die Sherpas Apa, Ch. Nima und Dawa erreichen am 10. Oktober den Gipfel.
1994 Internationale Expedition unter S. Currin. Die Briten C. Hornsby und R. Kirkwood erreichen mit den Sherpas Dorje und D. Temba am 11. Oktober den Gipfel.

1995 Kommerzielle Expedition unter R. Hall über die klassische nepalesische Route. Am 7. Mai erreicht der Sherpa L. Jangbu den Gipfel.
1995 Russische Expedition unter der Leitung von K. Khamitsayev über die klassische tibetanische Nordsattelroute. Am 10. Mai stehen Vladimir Shatev und zwei weitere Bergsteiger auf dem Gipfel, drei Tage später auch der Expeditionsleiter, drei Bergsteiger sowie der Sherpa A. Rita.
1995 Japanische Expedition unter T. Kanzaki und K. Furuno. Erster Aufstieg über den vollständigen Nordostgrat. 23 Sherpas versehen den Grat mit insgesamt 4000 m Fixseilen. Die Führungsgruppe (F. und S. Imoto mit den Sherpas L. Nuru, Dawa, Tshering, N. Dorje und P. Kami) erreicht am 11. Mai den Gipfel.
1995 Italienisch-polnische Expedition unter der Leitung von M. Bianchi über die klassische tibetanische Nordsattelroute. P. Pustelnik und R. Pawlovski erreichen am 12. Mai unter Verwendung von künstlichem Sauerstoff den Gipfel. Pawlovski hatte auch schon an Todds kommerzieller Expedition teilgenommen. Bianchi und Ch. Kuntner erreichen den Gipfel am 13. Mai ohne Verwendung von künstlichem Sauerstoff.
1995 Internationale kommerzielle Expedition unter der Leitung von R. Brice über die klassische tibetanische Nordsattelroute. Die Britin A. Hargreaves erreicht den Gipfel am 13. Mai ohne künstlichen Sauerstoff . (Von einer Frau wurde der Everest ohne künstlichen Sauerstoff erstmals 1988 bestiegen. Es war die Neuseeländerin L. Bradley.) Am 17. Mai erreicht der Rumäne C. Lacatusu und am 26. Mai der Australier G. Child mit zwei Sherpas den Gipfel.
1995 Internationale kommerzielle Expedition unter J. Tinker über die klassische tibetanische Nordsattelroute. Zwischen dem 14. und 27. Mai erreichen neun Bergsteiger mit Sherpas den Gipfel. Unter ihnen ist auch B. Tshering, der den Everest bis dahin fünf Mal ohne künstlichen Sauerstoff bestiegen hatte, davon zwei Mal innerhalb eines Monats am 14. und 26. Mai.
1995 Internationale kommerzielle Expedition unter H. Todd über die klassische tibetanische Nordsattelroute. Zwischen dem 12. und 23. Mai erreichen acht Bergsteiger den Gipfel: der Pole R. Pawlowski, der Kasache A. Boukreev, der Russe N. Sitnikov, der Brite G. Ratcliff, der Däne M. Jorgenson, der Waliser C. Jones und die Brasilianer M. Cato und W. Niclevicz.
1995 Taiwanesische Expedition über die klassische tibetanische Nordsattelroute. Die Bergsteigerin Hsiu-Chen erreicht den Gipfel am 12. Mai.
1995 Lettische Expedition unter dem Südtiroler R. Patscheider über die klassische tibetanische Nordsattelroute. In den frühen Morgenstunden des 14. Mai erreicht Patscheider den Gipfel. Er hatte für den Aufstieg ab 6430 m nur 21 Stunden benötigt. Am gleichen Tag stehen auch noch T. Kirsis und I. Zauls auf dem Gipfel.
1995 Amerikanische Expedition über die klassische tibetanische Nordsattelroute. Den Gipfel erreichen am 14. Mai: Der Australier G. Mallory (Enkel des berühmten britischen Bergsteigers), J. Hall, J. Litch, D. Aguilar sowie die Sherpas Chirring, Kaji und Wongchu. Am 16. Mai gelingt außerdem C. Linch, J. Budnick, S. Renecker, K. Wedberg sowie den Sherpas Phinjo und Jangbu eine erfolgreiche Besteigung.
1995 Amerikanische Expedition über die klassische nepalesische Route. Am 15. Mai stehen der Amerikaner B. Bull, der Argentinier T. Heinrich und drei Sherpas auf dem Gipfel.
1995 Zwei unabhängige südkoreanische Expeditionen arbeiten zusammen, um den Gipfel über die klassische tibetanische Nordsattelroute zu erreichen. Zwei Bergsteigern und drei Sherpas gelingt am 14. Oktober eine erfolgreiche Besteigung.
1995 Südkoreanische Expedition unter der Leitung von Ch. Hyung-Kyu durch die Südwestwand, der britischen Route von 1975 folgend. Am 14. Oktober stehen P. Jung-Heon, K. Young-Tae und die Sherpas Kipa und D. Tamang auf dem Gipfel.
1996 Internationale kommerzielle Expedition unter der Leitung von R. Hall. Am 10. Mai stehen auf dem Gipfel: R. Hall, A. Harris, M. Groom, D. Hansen, J. Krakauer, Y. Namba (mit 47 Jahren die ältese Frau, die bisher den Gipfel erreicht hat) und der Sherpa A. Dorje.
1996 Internationale kommerzielle Expedition unter der Leitung von S. Fischer. Auf dem Gipfel stehen am 10. Mai: S. Fischer, N. Beidleman, A. Boukreev, Ch. Fox, L. Gammelgaard, T. Madsen, S.H. Pittman, M. Adams, K. Schoening sowie die Sherpas L. Jangbu und T. Tshering.
1996 Taiwanesische Expedition. M. Gau sowie die Sherpas N. Gombu und M. Tshering erreichen am 10. Mai den Gipfel.
1996 Eine russische Expedition karthografiert eine neue Route über ein felsiges, schneebedecktes Couloir zwischen dem Nord- und dem Nordostgrat. Auf dem Gipfel stehen am 20. Mai: P. Kouznetsov, V. Kohanov und G. Semikolenkov.
1996 Dem Südtiroler H. Kammerlander gelingt ein sehr schneller Aufstieg (17 Stunden) über die Nordsattelroute. Er steht am 23. Mai auf dem Gipfel und fährt mit Ausnahme von aperen Stellen auf Skiern ab.
1996 Erste südafrikanische Expedition. Am 25. Mai erreichen den Gipfel: I. Woodall, C. O'Dowd, B. Herrod und drei Sherpas.

34 Seit den ersten Besteigungen errichten die Expeditionen Hochlager auf dem Nordsattel.

35 oben *Im Jahr 1995 erklettert eine japanische Expedition den vollständigen Nordostgrat (A).*

35 unten *Im Mai 1995 steigen Marco Bianchi und Christian Kuntner über die klassische tibetanische Route ohne künstlichen Sauerstoff auf. Im Vordergrund sieht man die rituellen Flaggen, die die Männer der italienischen Expedition auf dem Gipfel befestigt haben.*

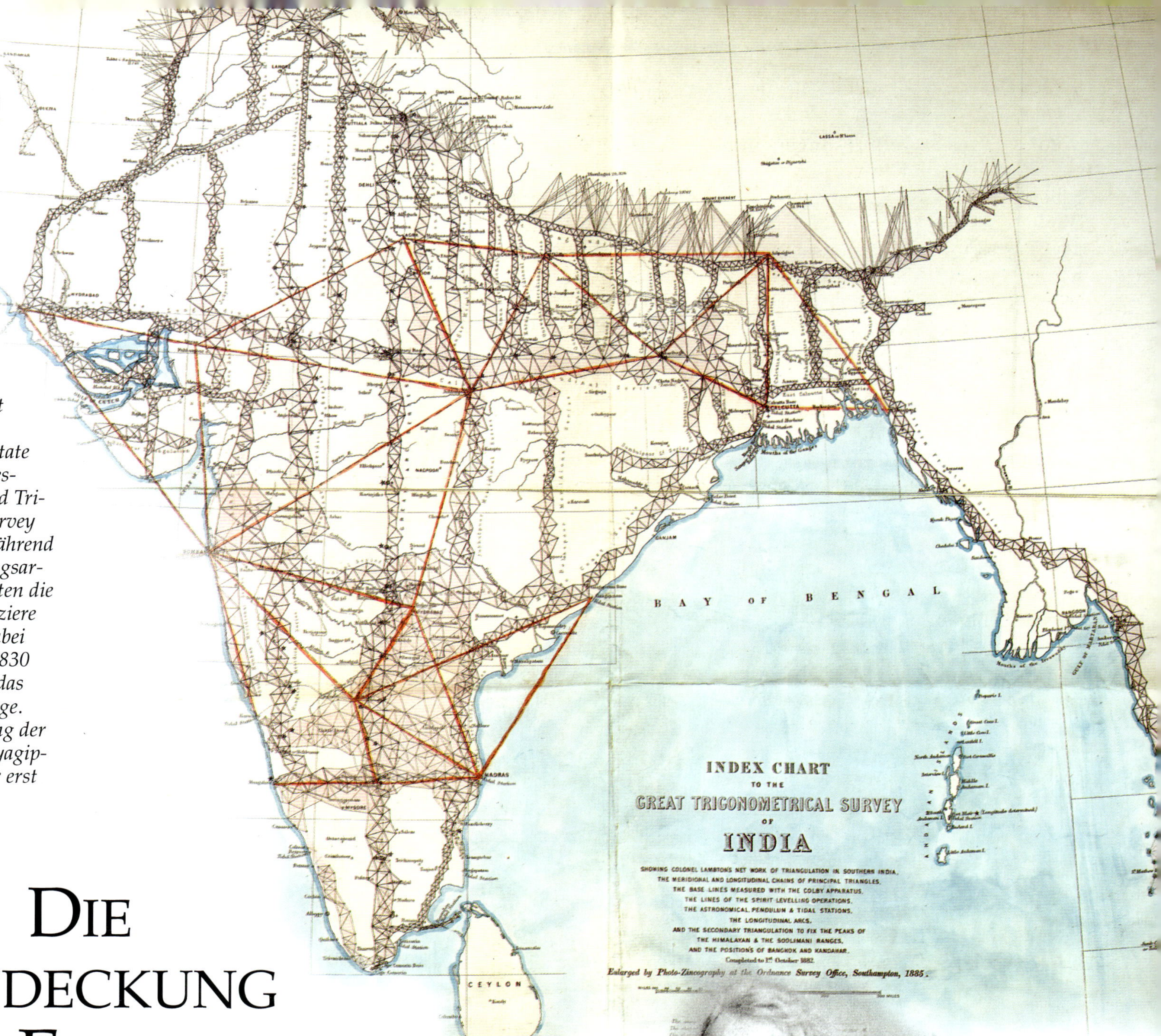

36 oben *Diese Karte datiert um 1880 und zeigt die Resultate der Landvermessung der Grand Trigonometric Survey von Indien. Während der Vermessungsarbeiten erforschten die britischen Offiziere alle Gebiete; dabei sahen sie um 1830 erstmals auch das Himalayagebirge. Die Vermessung der ersten Himalayagipfel begann aber erst 1847.*

Die Entdeckung des Everest

Wir befinden uns im Jahr 1852, im Hauptquartier des indischen Landvermessungsamtes in Dehra Dun, 140 km nordnordöstlich von Delhi. Radhanath Sikdhar, Leiter der Zeichenabteilung platzt in das Büro von General Sir Andrew Waugh mit einer Information, auf die sie schon seit Monaten gewartet haben: „Sir, ich habe den höchsten Berg der Erde entdeckt!“ Die Legende um den Everest begann.
Historiker schreiben die „Entdeckung“ Sikdhar und Michael Hennessy, dem jungen Assistenten von Waugh zu. Die Frage, wer nun den Everest entdeckt habe, erschien an diesem Tag anhand des Aufwandes der betrieben worden war, irrelevant. Dies umso mehr, weil die gesamte Vermessungsgruppe seit einiger Zeit an der Erfassung der Himalayagipfel gearbeitet hatte und das Ergebnis in Wirklichkeit auf den Berechnungen der ganzen Gruppe basierte. Das gleiche Schicksal, das nun den Everest ereilte, war einige Jahrzehnte zuvor dem Montblanc widerfahren.
Der Himalayariese musste nun buchstäblich entdeckt werden: Ein imagi-

36 unten *Sir George Everest war der leitende General der Landvermessungsarbeiten von 1830 bis 1843 und einer der Pioniere, die Indien kartografierten.*

näres Gerüst wurde aufgestellt, anschließend erfasste man Peak XV durch trigonometrische Vermessungen und betrachtete ihn isoliert von den ihn umgebenden Gipfeln.
Die Entwicklung, die zur Entdeckung des Everest führte, hatte tatsächlich schon 50 Jahre früher begonnen. Die eigentliche Ursache ist jedoch schwer herauszufinden, da man verschiedene Ereignisse und Geschichten miteinander verknüpfen müsste, die jedoch teilweise zeitlich und örtlich weit auseinander liegen.
Zu Beginn des 19. Jahrhunderts, ungefähr 150 Jahre nachdem die ersten englischen Agenturen in Madras, Bombay und Kalkutta eingerichtet worden waren, war Indien fast vollständig unter britischer Kontrolle. Das britische Imperium sollte nun gefestigt werden, wobei man immer ein Auge auf das internationale Schachbrett und insbesondere auf Russland hielt, das versuchte, sich in Zentralasien auszubreiten. Auch Hindukush, Pamir und Tibet waren noch unbekannt und unerforscht. Es war kein Zufall, dass mitten in diesem zige Plan, die britische Kolonie mit kartografischem Material zu unterstützen war erst viel später, zu Beginn des nächsten Jahrhunderts mit der Gründung des *Amtes für trigonometrische Vermessungen* entstanden.
1823 gründete Colonel George Everest das *Indische trigonometrische und geodätische Institut* und arbeitete unermüdlich bis 1843 an einem ehrgeizigen Projekt: der flächendeckenden Vermessung des gesamten britischen Herrschaftsgebietes in Indien. Sein Vorhaben schloss aber auch die mathematische Berechnung des großen Meridian ein, der von Kap Comorin im Süden der indischen Halbinsel kommend den Himalaya überquert. Die Vermessung sollte es ermöglichen, die geodätische Linie (der theoretisch idealen Sphäre) festzulegen, mit Hilfe derer man die Höhe der Berge berechnen konnte.
Während der Vermessungsarbeiten strömten die Angestellten in alle Richtungen aus und stießen dabei um 1830 auch auf den Himalaya. Die Engländer vermuteten an Hand der topografischen Eckdaten, dass diese Bergkette

Kontinent die machtgierigen Imperialisten einen Spionagekrieg entfachten, der in Großbritannien „Großes Spiel" und in Russland „Schattenturnier" genannt wurde.
Die in Indien stationierten Briten hielten es für wichtig, detaillierte topografische Kenntnisse zu erwerben und damit das britische Hoheitsgebiet und angrenzende Gebiete besser kontrollieren zu können. Die ersten trigonometrischen Berechnungen hatten 1764 im Gangestal stattgefunden; der ehrgeizu den höchsten der Erde zählte. Schon zu Beginn des 19. Jahrhunderts hatten Colebrooke und Webb, die Erforscher des Ganges und seiner Quellen berichtet, dass es dort sehr hohe Berge gebe, höher als alle in den Anden. Zu diesem Zeitpunkt schätzte man jedoch nur. Um Genaueres herauszufinden, musste man die verschiedenen Gipfel auf einer Karte exakt festlegen und ihnen genaue Berechnungen zugrunde legen. Viele Hürden mussten noch überwunden werden, weil Tibet, Nepal, China, Sik-

37 oben *Diese vage topografische Skizze ist einer der ersten Versuche, die Täler im Himalayagebiet jenseits der Grenzen des britischen Königreichs darzustellen.*

37 unten *Sir George Everest und einer seiner Assistenten überwachen die Errichtung einer Landvermessungsstation. Diese naive, doch humorvolle Zeichnung geht auf das Jahr 1834 zurück.*

38 Die Entdeckung des Everest wurde 1852 nach sorgfältigen Vermessungen aus einiger Entfernung und monatelangen Berechnungen von Andrew Waugh, dem Leiter der Landvermessungsarbeiten, bekannt gegeben. Er sitzt in der Bildmitte, umgeben von drei Mitarbeitern.

kim und Bhutan ihre Grenzen vor den Topografen verschlossen. Deshalb mussten die Briten ihre Vermessungen von trigonometrischen Stationen durchführen, die in weiter Entfernung von der Gebirgskette des Himalaya lagen.
Die erste detaillierte Vermessung der Gipfel des Himalaya begann im Jahr 1847 auf Initiative des neuen Leiters Colonel Andrew Waugh. In dieser Zeit waren trigonometrische Arbeiten kompliziert und langwierig. Da den Vermessern der Zugang verboten war, konnten sie die Gipfel nur aus großer Entfernung, teilweise bis zu 250 km, studieren. Schwierige Bedingungen, bedenkt man, dass sie wegen des Monsunregens und der damit verbundenen schlechten Sicht nur von Oktober bis Dezember vermessen konnten. Dazu kam noch, dass die Forscher gewaltige Theodolite verwenden mussten, um sichere Daten zu erhalten. Diese waren jedoch so schwer und riesig, dass allein 12 Mann notwendig waren, um einen einzigen Ausrüstungsgegenstand zu transportieren.
Im Herbst 1847 vermaß Waugh den Kangchenjunga, den man bis dahin für den höchsten Berg der Erde hielt. Hinter diesem Gipfel beobachtete er jedoch mit großem Interesse einen anderen eisigen Riesen, den er „Peak B" taufte. Es war extrem schwierig, zu diesem Zeitpunkt bereits Vorhersagen zu machen. Waugh entschloss sich, die Untersuchungen zu vertiefen und weitere Beobachtungen von anderen trigonometrischen Stationen zu machen, die näher an der Gebirgskette lagen. Seine Vermesser kamen bis auf 170 km an die Berge heran. Alle Untersuchungen ergaben konstant, auch wenn man etliche mögliche Fehlerquellen mit einschloss, dass der Peak B höher als der Kangchenjunga war.
Diese Resultate der Vermesser wurden nachfolgend in den Büros von Dehra Dun überprüft. Die Berechnungen dauerten etliche Jahre, da jeder Messpunkt hinsichtlich der Lichtbrechung und Peilentfernung korrigiert werden musste.
Mittlerweile hatte Michael Hennesy, einer von Waughs Assistenten ein Benennungssytem für die Berge des Himalaya aufgestellt und die meisten Gipfel mit römischen Zahlen versehen: Der Kangchenjunga hieß nun Peak IX und der Peak B wurde zu Peak XV. 1856 wurden schließlich die offiziellen Ergebnisse veröffentlicht: Peak IX war 8581,9 m und Peak XV 8839,8 m hoch. Waugh verkündete stolz, dass letzterer erwiesenermaßen der höchste Gipfel der Erde sei.
Damit war die Angelegenheit jedoch noch nicht beendet, Peak XV sollte einen würdigeren Namen erhalten, der sich von den anderen Gipfeln der Himalayakette, die sich bis ins Khumbutal erstrecken, abhob! In Nepal hatte sich darüber noch niemand Gedanken gemacht. Die Tibetaner, die nördlich des Himalaya lebten, nannten den riesigen Schneegipfel, der sich imposant gegen den Horizont aufrichtete Chomolungma oder Tschoumon-Lanckma,

38-39 Dieses Foto aus dem Jahr 1904 zeigt ein Team von Landvermessern während ihrer nächtlichen Arbeit. Ein britischer Beamter beobachtet den Himmel; während ein indischer Mitarbeiter seine Beobachtungen niederschreibt.

(„Muttergöttin der Erde"). Den Briten war jedoch ein lokal gebräuchlicher Name nicht genug. Deshalb benannte Waugh den Gipfel nach dem eigentlichen Initiator dieser Untersuchungen: Sir George Everest.

Bis dahin hatten die Briten den Gebirgszug des Himalaya nur von ihren Balkonen aus beobachtet; sie hatten mit Theodoliten die höchsten Gipfel bestimmt, sie wussten jedoch nicht, was jenseits der nördlichen Grenze der britischen Kolonie war.

Über eine bestimmte Höhe hinaus gab es ein geografisches Vakuum, ab hier waren die topografischen Karten ungenau, basierten auf reinen Vermutungen oder wiesen weiße Flecken auf. Die großen Gipfel in Zentralasien waren noch nicht näher bestimmt, alle Theorien über dieses Gebiet eine Ansammlung von Hypothesen. In mancherlei Hinsicht schien die Zeit dort an dem Punkt stehen geblieben zu sein, an dem Forscher aufgebrochen waren, um neue Länder und Gebiete zu erkunden. Auf jeden Fall waren die letzten Jahre des 19. Jahrhunderts für Entdeckungen und Überraschungen gut.

39 Die Theodolite, die während der Landvermessungsarbeiten verwendet wurden, hatten eine beachtliche Größe und waren sehr schwer. Sie wurden zu Vermessungen von Gebieten in einer Entfernung von 200 bis 250 km eingesetzt. Das Gerät im Bild verwendeten Colonel William Lambdon und Sir George Everest.

Die Arbeit der Topografen im Himalayagebiet, ging über Jahre hinweg nur sehr schleppend voran. Die Straße in Richtung Norden war versperrt und nur für die in Indien stationierten Briten zugänglich. In der letzten Hälfte des 19. Jahrhunderts gab es keinerlei Möglichkeit, die Grenze, die den Zutritt zu den großen Bergen öffnete, zu überqueren. Deshalb dachten sich die Landvermesser ab 1865, immer neue Strategien und Pläne aus, wie sie das verbotene Gebiet erforschen könnten. J.T. Walker und T.G. Montgomerie bildeten eine Gruppe Inder aus, die verschiedenen Rassen angehörten und von ihrem Aussehen beiden Seiten des Himalaya zugeordnet werden konnten. Ihr Ziel war es, Geheimagenten auszubilden, die in das unbekannte Territorium eindringen sollten. Ähnliches hatten 1811 bereits William Moorcraft und Hyder Young Hearsey durchgeführt, als sie als Fakire verkleidet vom Golf von Bengalen aufgebrochen waren, den Himalaya überquert und dabei die tibetanische Hochebene erreicht hatten. Walkers und Montgomeries Vermesser traten als Pilger oder Kaufleute auf, konnten aber auch perfekt mit einem Sextanten umgehen und über die Siedetemperatur des Wassers die Höhe bestimmen. Sie konnten sich an den Sternen orientieren und Entfernungen anhand ihrer Schritte mit Hilfe eines buddhistischen Rosenkranzes bestimmen, auf den an Stelle der üblichen 108 Perlen nur 100 aufgefädelt waren. Jedes topografische Instrument, jede Reisenotiz musste sorgfältig versteckt werden: im Hohlraum eines Wanderstocks, im Gebetbuch, in einem Amu-

Experten, Forscher und Bergsteiger

lett. Der kleinste Fehler hätte womöglich zu ihrer Enttarnung geführt. Auf der anderen Seite lebten die kleinen Staaten im Schutz der Berge äußerst versteckt und es war sehr schwer unentdeckt zu bleiben. Tausende Augenpaare beobachteten die Reisenden, bereit sie beim kleinsten Ausrutscher zu packen. Und so reisten diese Experten jahrelang um den Fuß der großen Gebirgskette des Himalaya und des Karakorum und besuchten noch wenig bekannte Gebiete. Sie reisten bis in die oberen Täler von Nepal, nach Tibet, in den Hindukusch und den Pamir. Die bekanntesten waren Nain, Mani, Kishen und Kalian Singh, Kintup, Hari Ram, Ata Muhammad und Abdul Subhan. Aus Sicherheitsgründen verwendeten sie nur zwei Initialen, niemals ihre eigentlichen Namen. Einige kehrten nach Jahren wieder zurück, andere wurden verschleppt und gefangen genommen, wieder andere verschwanden spurlos. Nain Singh kam bis nach Lhasa; Hari Ram, der legendäre „H.M." brach von Darjeeling auf, durchquerte Nepal und erreichte Shigase im Südosten von Tibet. Er erforschte das hoch gelegene Bergmassiv um den Everest.

Die Beobachtungen der Landvermesser waren für die Kartografen von unschätzbarem Wert. Sie brachten neue Informationen über das Gebiet und leisteten einen entscheidenden Beitrag zur Erstellung einer ersten Landkarte über die entlegenen Gebiete Asiens. Aber es gab nicht nur Geheimwege. Von Zeit zu Zeit erhaschten einige Forscher auch auf offiziellem Weg etwas über den Everest. Um 1830 waren Ladakh, Garhwal, Kashmir und Baltistan bereist worden; Ende 1840 wanderte Joseph Hooker durch das Gebirge von Sikkim; zehn Jahre später erforschten die Brüder Adolf, Hermann und Robert Schlagintweit im Auftrag des Landvermessungsamtes viele Winkel im Karakorum und im Himalaya (1855 kamen sie bis auf eine Höhe von 6785 m bei Abi Gamin im Garhwal). Nur wenige Zeit später überquerte Henry Haversham Godwin Austen, ein Angestellter des Landvermessungsamtes, teilweise den Baltorogletscher.

41 oben *Tom George Longstaff (1875 bis 1964), ein großer Alpinist und Forscher; er war vor allem im Himalaya aktiv. 1922 nahm er als Techniker an der zweiten britischen Himalayaexpedition teil. Von 1947 bis 1949 war er Präsident des Alpine Club.*

41 unten *William Martin Conway, ein Londoner Kunstkritiker, Schriftsteller und Forscher (1865 bis 1937), gehörte zu den Pionieren im Himalaya. Die von ihm geleitete Expedition in den Karakorum galt viele Jahre lang als Musterexpedition.*

Anfang 1880 kam die Erforschung einen weiteren entscheidenden Schritt voran: 1882–1883 reiste der britische Alpinist W.W. Graham in Begleitung von Schweizer Führern, darunter auch Joseph Imboden, nach Garhwal und Sikkim (wo er das Kangchenjungagebiet besuchte) mit dem erklärten Ziel, eine Besteigung durchzuführen. 1887 brach Oberst Francis Younghusband von Sinkiang auf und überquerte den Karakorum, indem er den Mustagh Pass erklomm und ins britische Indien abstieg. 1892 drang William Martin Conway mit einer kleinen Expedition in das Herz des Karakorum ein. Damit war eine neue Epoche angebrochen, in der legendäre Namen wie Tom George Longstaff, William Douglas Freshfield, Charles Granville Bruce, John Norman Collie, William Martin Conway und viele andere auftauchten. Innerhalb weniger Jahre wurden immer mehr Expeditionen und Besteigungen in immer kürzeren Abständen durchgeführt. Ein neues Zeitalter des Bergsteigens im Himalaya war angebrochen.

40 *William Douglas Freshfield (1845 bis 1934) war einer der größten Gebirgsforscher aller Zeiten. Er führte Erstbegehungen auf der ganzen Erde durch. In erster Linie war er jedoch im Kaukasus aktiv; 1899 umrundete er den Kangchenjunga. Von 1893 bis 1895 war er Präsident des Alpine Club.*

40-41 *Dieses ungewöhnliche Panorama wurde von Sandakphu aus aufgenommen wie am linken unteren Bildrand vermerkt. Im Bildhintergrund sind der Himalaya und der Everest zu erkennen.*

Die Vermessung des Everest setzte den ersten Meilenstein einer langen Geschichte ... Die Entdeckung von 1852 schloss die erste kleine Lücke von all den Geheimnissen, die noch um die Gebirgskette des Himalaya herrschte, die mit 2500 km von West nach Ost größte der ganzen Erde. Viele Jahre lang blieb der höchste Gipfel der Erde nichts weiter als eine geografische Kuriosität. Und obwohl die Grenzen nach Nepal und Tibet mittlerweile zugänglich waren, änderte sich nicht viel. Anfang des 19. Jahrhunderts steckte das Bergsteigen noch in den Kinderschuhen, obwohl bereits einige bedeutende Erstbegehungen wie z. B. die des Montblanc stattgefunden hatten. Blättert man im Handbuch der alpinen Geschichte, fällt eines auf: Die bedeutenden Alpengipfel wurden erst einige Jahre später bestiegen, z. B. das Matterhorn, das Symbol des modernen Alpinismus, das 1865 zum ersten Mal bestiegen werden sollte. An eine Besteigung des Everest war zu diesem Zeitpunkt noch nicht zu denken. Das „Dach der Welt" war zu weit weg und zu hoch und damit jenseits der Möglichkeiten für die Bergsteiger der damaligen Zeit.

Der englische Forscher Sir Francis Younghusband gestand in seinem 1936 in London veröffentlichten Buch „Everest: The Challenge" („Everest, die Herausforderung"), in dem er über die Überschreitung des Karakorum berichtet, dass „ich während meiner Reise entlang der größeren Gipfel des Himalaya im Jahr 1887 niemals auch nur an die Möglichkeit gedacht habe ... Zwei Jahre zuvor hatte ich mich mit einem Beamten des Landvermessungsamtes über Grahams Aufstieg auf 24 000 Fuß am Kabru unterhalten, er versicherte mir, dass Graham sich im Gipfel geirrt haben musste, niemand könne höher als bis 22 000 Fuß gehen, das sei die oberste Grenze."

Auch das Bergsteigen im Himalaya musste sich Schritt für Schritt entwickeln. Martin Conway, der 1902 Präsident des Alpine Club werden sollte, war einer der Ersten, die nicht an derlei Grenzen glaubten. 1891 bat er Younghusband um Rat, da er einen 7600 m hohen Gipfel im Himalaya besteigen wollte; nur ein Jahr später unternahm er auch einen ersten Besteigungsversuch auf den K2.

Drei Jahre später wollte Albert Frederick Mummery, der als erster moderner Alpinist gilt, den 8125 m hohen Nanga Parbat besteigen. Zwölf Jahre später wurde der erste Siebentausender im Himalaya bezwungen: Trisul (7120 m) im Garhwalgebiet. Er wurde von Longstaff, den Brüdern Brocherel und einem Gurkha bestiegen. 1909 versuchte der Herzog der Abruzzen erstmals den K2 zu besteigen; er kam bis auf eine Höhe von 7489 m: ein neuer Rekord.

Langsam wendeten sich die Bergsteiger etwas mutiger den höchsten Gipfeln im Himalaya zu. 1911 bestieg Alexander Mitchell Kellas den Pahunhuri (7128 m) in Sikkim. 1913 eroberte Mario Piacenza mit seinen Gefährten den Kun. Zwischen 1913 und 1914 durchquerte Filippo De Filippi als Leiter einer wissenschaftlichen Expedition Kaschmir, Baltistan und Ladakh, kam an die Grenze zu Kuen Lun und erreichte schließlich das chinesische Turkestan (Sinkiang). Aber es gab auch jemanden, den das

Eine Idee

43 oben Während der britischen Unternehmung von 1903 bis 1904 entstand eine interessante Fotodokumentation über das noch nahezu unbekannte Gebiet. Auf diesem Bild befinden sich Younghusband und seine Begleiter im Khumbutal auf dem Weg zum Plateau.

43 unten Dieses Foto von Bourne und Sheperd wurde 1905 vom indischen Hochland um Phalut aufgenommen; der Everest ist im Hintergrund zu sehen.

42 oben Gruppenbild britischer Offiziere mit Colonel Francis Younghusband in Phari Dzong während einer militärischen Unternehmung nach Tibet im Januar 1904.

42 unten Die Expedition unter Leitung von Younghusband verbrachte den Winter im Khumbutal. Die extreme Kälte verhinderte einen Aufstieg ins tibetanische Hochland.

„Dach der Welt" bereits seit einiger Zeit beschäftigte. – 1899 plante Lord Curzon, der Vizekönig von Indien, eine offizielle Reise nach Nepal und trug Douglas Freshfield, dem Vorsitzenden des Alpine Club und der Royal Geographical Society an, einen Aufstieg zum Everest zu wagen. Er selbst würde sich um die Zulassung einer britischen Expedition nach Nepal kümmern. Aber es blieb bei diesen Ansätzen.
Mittlerweile wurde auch die Tibetfrage zu einem brisanten Thema: Eine Besetzung des großen Hochplateaus nördlich des Himalaya stand bevor und so die Tibetaner zu bewaffnen und damit die chinesischen Soldaten vom Einmarsch abzuhalten. Darüber hinaus gewährten sie dem Dalai-Lama über zwei Jahre Zuflucht, nachdem chinesische Truppen 1910 Lhasa besetzt hatten.
Im folgenden Jahr beantragte Lord Curzon wieder, eine Besteigung auf den Everest durchführen zu können. Er sprach mit Freshfield darüber, hielt jedoch an einer Expedition von nepalesischer Seite aus fest. Der Alpine Club zeigte an diesem Vorhaben Interesse und wollte 1907 anlässlich des 50-jähri-

ließ Lord Curzon alle anderen Angelegenheiten ruhen, um sich persönlich für eine Lösung des Russlandproblems in Zentralasien einzusetzen. Im Anschluss an diese Verhandlungen brach Oberst Francis Younghusband 1903 mit einer kleinen Armee von Tibet auf.
Der Auftrag, der zunächst nur diplomatischen Charakter haben sollte, entwickelte sich schnell zu einer militärischen Intervention. Der Dalai-Lama verließ Lhasa und suchte Zuflucht in der Mongolei. Die Briten verhängten Sanktionen über Tibet und verhinderten die Einmischung der Russen erfolgreich. Die Souveränität über das Himalayaplateau sollte nach dem Willen der beiden Großmächte China haben. Dies wiederum war nur ein formaler Akt, da die Briten keinen Augenblick zögerten, gen Bestehens des Clubs eine Expedition organisieren. Der Plan, den Everest von nepalesischer Seite aus zu besteigen, wurde jedoch bald aufgegeben und dem Aufstieg über die Nordseite der Vorzug gegeben. Aber auch jetzt gab es einen entscheidenden Nachteil. John Morleu, indischer Staatssekretär, war wegen außenpolitischer Bedenken gegen eine Expedition nach Tibet. 1913 wagte John B. Noel einen heimlichen Ausfall nach Tibet, passierte dabei Sikkim und konnte die letzten 300 m des Gipfels des Everest beobachten. Noel kam bis auf 60 km an den Riesen heran, näher als jemals ein Europäer gekommen war.
Nur ein Jahr später brach der Erste Weltkrieg aus und damit verschwand jeder Gedanke an alpinistische Unternehmungen aus dem Bewusstsein der Briten.
Unmittelbar nach Kriegsende im Jahr 1918 zeigten die Royal Geographical Society und der Alpine Club wieder Interesse am Everest. 1920 wurde ein Komitee gegründet, das die zukünftige Expedition, die von Tibet aus aufbrechen sollte, organisieren sollte. Einige Monate später brach der 37-jährige Charles Kenneth Howard-Bury, ein Oberstleutnant, nach Indien auf. Er blieb vier Monate und arbeitete unermüdlich daran, die Erlaubnis zu erhalten, durch Tibet reisen zu dürfen. Endlich hatte er Erfolg. Am 20. Dezember 1920 erhielt Younghusband ein Telegramm: Der Dalai-Lama hatte die Erlaubnis zur Durchreise durch Tibet gegeben!

44 oben *Diese Karte wurde anhand der Arbeiten von Major Morshead vom Landvermessungsamt in Indien erstellt. Sie wurde in dem von Howard-Bury herausgegebenen Buch über die Everestexpedition von 1921 veröffentlicht („Mount Everest: The Reconnaissance“).*

1921: Die erste Erkundung

Wenige Tage nachdem die Genehmigung erteilt worden war, waren die Royal Geographical Society und der Alpine Club bereits eifrig am Arbeiten. Am 12. Januar 1921 fand das erste Treffen des Organisationskomitees statt, bei dem das Ziel der Expedition festgelegt wurde, das vor allem in der Erkundung des Geländes liegen sollte. Unter den Expeditionsmitgliedern waren Sir Francis Younghusband, Norman Collie, John Percy Farrar, Charles Francis Meade und zwei ehrenamtliche Sekretäre, J.E.C. Eaton vom Alpine Club und Arthur Hinks von der Royal Geographical Society. Zwei Wochen später wurde Charles Kenneth Howard-Bury zum Leiter der Expedition bestimmt und gleich darauf die Finanzierung der Unternehmung in Angriff genommen. Die britische Expedition zum Everest sollte 3400 Pfund kosten, die durch private Mittel der beiden Organisationen und durch Spenden aufgebracht werden sollten. Weitere Gelder wurden durch den Verkauf der Veröffentlichungsrechte der Expedition an die *Times* und den *Philadelphia Ledger* bereitgestellt. Die fotografischen Rechte wurden an das Magazin *Graphic* verkauft.

Nun stand die Frage der Auswahl der Bergsteiger an: Topografische Aufgaben sollten Henry T. Morshead und E. Oliver Wheeler wahrnehmen, die beide auch bergsteigerische Erfahrung hatten. A.M. Heron vom Geological Survey of India sollte geologische Studien übernehmen. Die Auswahl der Alpinisten gestaltete sich jedoch schwieriger. Sie sollten Durchhaltevermögen, Brillanz und Erfahrung mitbringen. Führer der Bergsteiger wurde schließlich der 56-jährige Schotte Harold Raeburn, ein exzellenter Alpinist, der bereits Erfahrung im Kaukasus und am Kangchenjunga gesammelt hatte. Weitere Mitglieder im Team waren der 53-jährige Schotte Alexander Mitchell Kellas, der schon mit dem Himalaya vertraut war; A.F.R. Wollaston, ein 46-jähriger Arzt und guter Bergsteiger; George Leigh Mallory, ein 35-jähriger, sehr erfahrener Alpinist, der sich schon bald zu einem herausragenden Himalayaexperten entwickeln sollte.

Was die Ausrüstung der Expedition betraf, wurde nichts Spezielles mitgenommen, da die Organisatoren weder über die Kälte noch die Gefahren von großen Höhen allzu sehr beunruhigt waren. Jedem Bergsteiger war es selbst überlassen, für seine Kleidung und sein Schuhwerk zu sorgen. Anfang Mai war die Mannschaft in Darjeeling, wo letzte Vorbereitungen

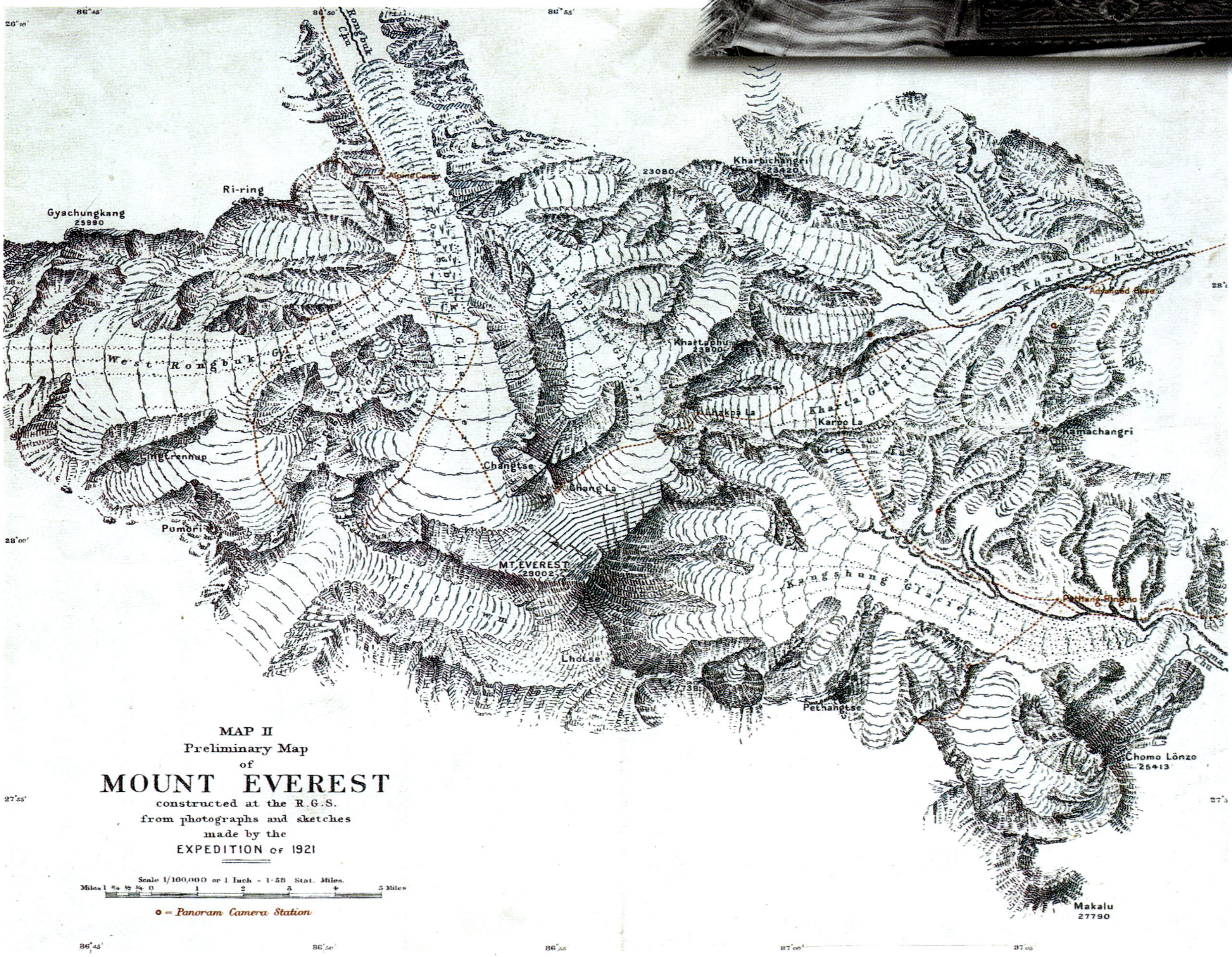

44 unten *Erinnerungsfoto der Expedition von 1921: von links stehend: Wollaston, Howard-Bury, Heron, Raeburn; sitzend von links: Mallory, Wheeler, Bullock, Morshead.*

45 oben *Während der Erkundungsexpedition von 1921 entstanden auch faszinierende Fotos über den Alltag im tibetanischen Hochland.*

45 Mitte *Die erste detaillierte Karte über das Everestgebiet wurde anhand von Fotografien und Notizen erstellt, die während der Expedition von 1921 entstanden waren.*

45 unten *Das Basislager der britischen Expedition im Rongbuktal vor den Gletschern und der gewaltigen Felspyramide des Everest.*

für die eigentliche Expedition getroffen wurden. Es war geplant, Sikkim zu durchqueren und wenn man in Tibet angekommen war, von Ost nach West bis an den Fuß des Everest vorzudringen. Am 13. Mai machte sich die Vermessungsgruppe mit Maultieren und Trägern auf den Weg durch Sikkim, reiste in Richtung Norden das Tistatal hinab, stieg nach Serpo-La auf und ging dann nach Kampa Dzong in Tibet. Ein paar Tage später brach die zweite Gruppe auf, ging jedoch eine längere, aber einfachere Route, die leichter versorgt werden konnte. Nachdem sie Gangtok erreicht hatten, wendete sich Raeburns Gruppe nach Osten und stieg nach Jelep-La, einen fast 4400 m hohen Pass zwischen Sikkim und Tibet auf. Danach stieg die Expedition ins Chumbutal ab. Nach zwei Tagen erreichten sie Phari Dzong, am Fuß des Chomolari. Jetzt zog die Karawane mit Unterstützung von Eseln, Maultieren, Pferden und Yaks auf der Straße nach Kampa Dzong weiter. Sie überschritten den Tan-La (4630 m), berührten Dochen, überschritten den Dugpass (5000 m) und erreichten Khe. Danach überquerten sie zwei Pässe. Einige Tage gingen sie durch die Halbwüste von Tibet. Sie überwanden einen letzten 5270 m hohen Pass und erreichten schließlich die Befestigung von Kampa Dzong, wo Morsheads Gruppe bereits seit etwa einer Woche auf sie wartete.
Die gesundheitliche Verfassung der Männer war jedoch nicht besonders gut. Wheeler und Raeburn klagten über ernsthafte Leiden, Kellas war an Ruhr erkrankt und sehr geschwächt. Eine Pause hätte zu diesem Zeitpunkt allen gut getan, doch da ereignete sich die Tragödie: Kellas starb an einem Herzinfarkt. Nur wenig später sah sich Raeburn gezwungen nach Sikkim zurückzukehren, da sich sein gesundheitlicher Zustand nicht besserte. Wollaston begleitete ihn bis nach Lachen.
Howard-Bury entschloss sich aber dennoch, nicht aufzugeben. Die Ärzte waren mit dieser Entscheidung nicht einverstanden, aber die Vermessungsgruppe war vollzählig und die bergsteigerischen Aufgaben fielen nun Mallory und Bullock zu.
Hinter Kampa Dzong bewegte sich die Expedition auf unbekanntem Gebiet, auf dem die bisherigen Karten vom Vermessungsamt nutzlos waren. Die Gruppe ging in Richtung Westen, im Norden der Himalayakette und eröffnete den Weg in eine unbekannte Welt, entlang von Sanddünen, wüsten Ebenen und einigen Seen. Sie erreichten Tinki Dzong und Dörfer, durch die noch nie ein Europäer gekommen war. Major Morshead und seine Vermesser verwandten all ihre Zeit, um Berechnungen und Skizzen zu erstellen, anhand derer das Gebiet kartografiert werden konnte. Schließlich erreichte die Karawane Fort Shekar Dzong, an dessen Bergseite sie ein Kloster mit 400 Mönchen vorfanden. Als Letztes kamen sie durch Tingri Dzong, ein bedeutendes Handelszentrum, das ihnen als Basislager dienen sollte. 60 km südlich von ihnen lag die große Himalayakette, in der Everest und Cho Oyu deutlich die anderen Gipfel überragten. Dieser endlose Kristallgarten lag vollkommen

46-47 *17. August 1921: Die britischen Forscher und Bergsteiger haben das Lager in der Nähe von Lhakpa-La errichtet, dem Sattel, von dem aus man den östlichen Arm des Rongbukgletschers überblicken kann.*

46 oben *Der obere Rongbukgletscher teilt sich in drei Arme. Er war für die Expedition von 1921 ein Rätsel, das jedoch Mallory und Bullock im August lösen konnten.*

46 unten *An einigen Stellen ist der große Gletscherfluss des Rongbukgletschers stark gewunden. Im zentralen Abschnitt verläuft er am Fuß der Nordwand des Everest.*

47 oben Der Topograf E. Oliver Wheeler war für die Dokumentation der Expedition zuständig; hier mit Dreibein und Kamera während eines Zwischenstopps.

47 unten Der eisbedeckte Gipfelaufbau des Everest; Aufnahme der ersten Forscher, die bis auf eine Höhe von 6000 m kamen.

unberührt fern jener Routen, die die Kaufleute seit Jahrhunderten zwischen Nepal und Tibet bereist hatten. Sogar die Zustiegsroute zum Chomolungma war ein Geheimnis und konnte nur schwer identifiziert werden.
Die Expedition trennte sich in zwei Gruppen: Morshead blieb in Tingri Dzong, um die Gegend zu kartografieren und Wollaston blieb in Begleitung des etwas angeschlagenen Howard-Bury im Basislager. Wheeler und Heron brachen nach Khumbu-La auf, um topografische Vermessungen durchzuführen, während Mallory und Bullock in Richtung Everest marschierten. Am 25. Juni erreichten die beiden das Rongbuktal; sie waren sich sicher, dass sie die beste Route gewählt hatten, um noch näher an den Everest heranzukommen. „Das Rongbuktal“, schrieb Mallory, „ist so angelegt, dass man den Gipfel sieht. Über 20 Meilen lang ist es außerordentlich gerade, und auf dieser Strecke steigt der Gletscher, der 10 Meilen lang ist, nur rund 4000 Fuß an ... Am Talende und über dem Gletscher erhebt sich der Everest nicht so sehr als Berggipfel, sondern als massige Berggestalt. Es gibt keine Irritation für das Auge ... Für das anspruchsvolle Auge gibt es noch weitere Riesen zwischen 23 000 und 26 000 Fuß hoch. Nicht einer dieser schlanken Gipfel kommt jedoch an die Schulter des höchsten heran ...“
Am 26. Juli richteten die zwei Bergsteiger und ihre Sherpas ein Basislager jenseits des Klosters von Rongbuk auf 5000 m, 25 km südlich des Everest, ein. Sie glaubten, sie könnten einfach der Gletscherzunge talaufwärts folgen; aber das Chaos von Gletscherspalten und Séracs zwang sie einen Weg durch die seitlichen Moränen zu suchen. Am 29. Juli richteten sie ein weiteres Lager auf 5300 m Höhe ein, um die verschiedenen Gletscherarme zu untersuchen. Die beste Aufstiegsmöglichkeit schien ihnen über den Nordsattel, die leichte Einbuchtung am Fuß des Nordgipfels des Everest, zu führen. Aber der Aufstieg war weder leicht noch eindeutig auszumachen.

Am 1. Juli erforschte Mallory das Haupttal. Hier gab es kein Durchkommen; vielleicht lag die Lösung weiter westlich. Einige Tage später brach er erneut auf: 5 km westlich des Lagers erhob sich der fast 7000 m hohe Ri-Ring, der einen idealen Blick auf den Everest ermöglichte. Mallory und Bullock entschlossen sich, diesen zu besteigen, um ihre weiteren Erkundungen besser planen zu können. Als sie auf dem Gipfel standen, schien es, als ob der beste Weg zum Nordsattel von Osten aus dem Khartatal führte. Unglücklicherweise konnten sie jedoch keine näheren Details in Erfahrung bringen, wie z. B. dass der Nordgrat des Changtse nach drei Kilometern abbricht. Als Folge dessen ändert der Gletscher, der vom Osthang des Nordsattels abfließt seine Richtung, zieht sich weiter nordwestlich hin und mündet später in einen Hauptarm des Rongbukgletschers. Dieser Fehler hatte weitreichende Konsequenzen für die Erkundungstouren der folgenden Wochen.

Mallory und Bullock fassten auch einen nach Westen und Süden gerichteten Übergang zum Western CWM ins Auge. Von ihrem Beobachtungsstandpunkt aus schienen das Western CWM und der Rongbukgletscher miteinander verbunden zu sein. Die beiden Alpinisten brachen am 12. Juli auf, nachdem sie ein Lager auf der Nordseite des westlichen Rongbukgletschers aufgeschlagen hatten, um das Western CWM zu erforschen, das sie aber nicht finden konnten. Während eines ihrer Versuche am oberen Ende des westlichen Rongbukgletschers kam Bullock bis fast zum Nup-La, einen Pass, der nach Nepal führt, und einige Tage später, während ihrer Streifzüge am oberen Ende des Hauptgletschers, bis nach Lho-La. Hier allerdings gab es keinen Zweifel mehr: Die geografischen Gegebenheiten in diesem Gebiet sahen völlig anders aus als sie es vom Ri-Ring aus beobachtet hatten.

Mallory und Bullock verwarfen die Western-CWM-Hypothese und verließen das Rongbuktal, um es von Osten zu versuchen. In Chobuk warteten die übrigen Expeditionsteilnehmer auf sie. Die Expedition machte sich nach Kharta auf, wo Howard-Bury bereits ein neues Basislager installiert hatte. Die Gruppe brach erneut auf. Ziel war wieder der Nordsattel. In diesem Tal bot sich den Bergsteigern eine weitere Seite des gigantischen Massivs. Aber auch hier war es nicht einfach eine Aufstiegsroute zu finden. Ein erster Versuch entlang des Kampatals leitete sie in die Irre. Die Führungsgruppe kehrte um und versuchte es über eine andere, weiter nördlich führende Route.

48 oben *Diese Fotografie entstand während der Expedition von 1921. Sie zeigt den 8189 m hohen Cho Oyu, den rund 30 km nordöstlich liegenden „Nachbarn" des Everest.*

48 Mitte *Makalu (8481 m), der fünfthöchste Berg der Erde erhebt sich an der Grenze zwischen Tibet und Nepal, südöstlich des Everest. Aufnahme während der britischen Expedition von 1921.*

48 unten *George Mallory bewies im Himalaya seine Anpassungsfähigkeit an die extremen Höhen und sein Durchhaltevermögen.*

Nachdem sie so viel umhergewandert waren, kamen erste Zweifel auf. Bullock war besessen von einer fixen Idee: Der Gletscher der vom Nordsattel nach Osten floss, konnte seine Richtung ändern, nach Norden und anschließend in den Hauptarm des Rongbukgletschers fließen. Mallory glaubte nicht daran. Kurz darauf sandte Howard-Bury eine topografische Skizze in das Lager. Die Beobachtungen, die die Vermesser angestellt hatte, stimmten genau mit Bullocks Vermutung überein! Diese Vermutung musste trotz allem noch überprüft werden. Nachdem sie wieder zu Kräften gekommen waren, brach Mallory noch einmal mit Morshead und einigen Sherpas in Richtung Lhakpa-La auf, überzeugt, dass die Lösung in greifbarer Nähe sei. Aber Wolken verhinderten, dass sie die Abstiegsroute auf der anderen Seite einsehen konnten. Mallory war sich jedoch sicher, die Route zum Nordsattel lag in dieser Richtung: Sie müssten nur in die Senke absteigen, in der der Gletscher entsprang (der damals „Ost-Rongbukgletscher" getauft wurde) und dann wieder über die Hänge auf der gegenüberliegenden Seite aufsteigen, was sie jedoch von diesem Punkt aus nicht einsehen konnten. Nach dieser Begehung kehrten die Bergsteiger nach Kharta zurück. Es war der 20. August, sie mussten sich sorgfältig für die letzte Besteigung vorbereiten. Zehn Tage später stiegen Mallory und Bullock zum oberen Lager auf und warteten, dass sich der Monsunregen legen würde. Sie saßen drei Wochen in Begleitung ihrer Träger auf

5250 m fest. Dann stießen auch ihre Gefährten, sogar Raeburn, der soeben aus Sikkim zurückgekehrt war, zu ihnen. Am 21. September besserte sich das Wetter. Mit Hilfe der Sherpas errichteten Mallory und Morshead ein Lager am Lhakpa-La und dieses Mal konnten sie sogar die Hänge, die zum Nordsattel führten, einsehen.
Am nächsten Tag brachen Mallory, Bullock und Wheeler auf. Morshead, Wollaston und Howard-Bury folgten ihnen für den Fall, dass sie irgendeinen Ersatz benötigten. Raeburn blieb zurück, um sich um Zelte, Verpflegung und Material zu kümmern. Die Gruppen verbrachten die Nacht am Lhakpa-La bei –34 °C. Bei Tagesanbruch wirkten Wollaston und Howard-Bury erschöpft und Morshead begleitete sie mit einigen Sherpas zu den Zelten. Die Übrigen stiegen auf der anderen Seite ab. Sie querten den Ost-Rongbukgletscher und errichteten auf 6700 m ein weiteres Lager unterhalb der Hauptroute zum Nordsattel. Am nächsten Morgen brach die Gruppe mit drei Sherpas in Richtung Sattel auf. Zwei der Sherpas bestimmten abwechselnd das Tempo. Der erste Teil der Besteigung war leicht; weiter oben wurden die Hänge steiler, ein Weitergehen gestaltete sich schwieriger, der Schnee war weich und tief. Um 11.30 Uhr erreichte die Gruppe die untere Plattform des Nordsattels. Mallory wollte noch weiter gehen, die anderen aber waren zu müde. Heftiger Wind veranlasste sie abzusteigen. Am 24. September zwang sie der Herbst, sich aus dem Himalaya zurückzuziehen. Die Route zum Everest war jedoch eröffnet.

49 links *Die britischen Bergsteiger waren der Ansicht, dass die beste Aufstiegsroute über den Nordsattel führte.*

49 rechts *Séracs, Eisplatten und Gletscherspalten machten es der Expedition von 1921 schwer, eine Aufstiegsroute zu finden. Mallory und Bullock bestiegen einen 7000 m hohen Gipfel, um ihre Route besser ausfindig machen zu können. Es stellte sich heraus, dass die geografischen Gegebenheiten heikler waren als sie erwartet hatten.*

Die Forschungsexpedition von 1921 hatte Indien noch nicht einmal verlassen als in Großbritannien bereits wieder über einen neuen Besteigungsversuch des Everest im nächsten Frühjahr geredet wurde. In London machte sich das Everestkomitee sofort an die Arbeit. Es gab keine Finanzierungsprobleme, da noch etliche Mittel aus dem Fundus einer Erkundungsexpedition, die nicht stattgefunden hatte, vorhanden waren.
Die Leitung der folgenden Expedition wurde dem 56-jährigen General Charles Granville Bruce übertragen, einem Pionier des Himalayabergsteigens und künftigem Präsidenten des Alpine Club. Er war 1892 Conways Gefährte im Karakorum, 1895 mit Mummery am Nanga Parbat und hatte Erfahrungen im Chitral und Garhwal gesammelt. Zu den Teilnehmern der Expedition sollten solch hervorragende Leute gehören wie Oberstleutnant E.L. Strutt als zweiter Expeditionsleiter, George Mallory, George Ingle Finch, ein 34-jähriger hervorragender Bergsteiger aus Australien und bester Kletterer im Team, der 32-jährige Londoner Chirurg Howard Somervell, ein außergewöhnlich ausdauernder Bergsteiger, Arthur William Wakefield Arzt und Bergsteiger, Edward Felix Norton, 38-jährig und mit wenig Hochgebirgserfahrung. Expeditionsarzt wurde der 47-jährige Tom Longstaff, der beachtliche Kenntnisse über den Himalaya besaß. Hauptmann John Noel war zuständig für die Filmarbeit und die fotografische Dokumentation. Außerdem waren noch Geoffrey Bruce, der Neffe des Expeditionsleiters und John Morris, beide Offiziere bei Divisionen in Gurkha, dabei.
Die Abreise war für Ende März vorgesehen, damit die Wochen vor dem Monsunregen, die am Everest ungefähr Mitte Juni einsetzt, ausgenutzt werden konnten. Bergsteigerausrüstung, Kleidung und Schuhe wurden sorgfältig ausgewählt. Finch nähte sich sogar eine notdürftige Decke, die er mit Gänsedaunen füllte. Auch die Nahrung war anders und schmackhafter als bei der letzten Expedition; die Mahlzeiten sollten den Appetit der Bergsteiger anregen. Danach stand noch die Sauerstofffrage an. Einige wie z. B. Mallory wollten keinen künstlichen Sauerstoff verwenden, da sie es für besser hielten, den Everest ohne zuviel technischen Aufwand anzugehen; andere wiederum dachten, er sei unverzichtbar. Techniker und Physiologen rieten dringend zur Verwendung von Atemgeräten. Finch willigte in einen Versuch ein: Es wurden Verhältnisse in höchster Höhe simuliert, in denen Übungen unter Sauerstoffmangel mit und ohne Atemgerät praktiziert werden sollten. Das Untersuchungsergebnis war so eindeutig, dass beschlossen wurde, Sauerstoffflaschen für die Seilkletterei zum Gipfel mitzuführen. Aber es gab von Anfang an Schwierigkeiten mit diesen Geräten. Allein das ungeheure Gewicht war ein Problem: Ein einziger Sauerstoffapparat, bestehend aus vier Stahlzylindern, Schläuchen, Ventilen und Masken, wog 15 kg!
Der erste Teil der Expedition verließ Darjeeling am 26. März, der zweite Teil einige Tage später. Die Route war dieselbe wie im Vorjahr. Die beiden Grup-

DIE VERSUCHE VON 1922 UND 1924

50 oben *Die Expeditionsteilnehmer posieren für das Gruppenfoto. In der Bildmitte sieht man den 56-jährigen General Charles Granville Bruce, ein Pionier des Himalayabergsteigens und zukünftiger Präsident des Alpine Club.*

50 Mitte *1922 gab der Rongbukgletscher keine Rätsel mehr auf wie im Jahr zuvor. Der mittlere und der westliche Arm in Richtung Pumori waren jedoch noch unerforscht.*

pen trafen sich in Phari Dzong, um sich dann wieder zu trennen (die Bergsteiger gingen einen direkteren Weg); in Kampa Dzong trafen sie sich wieder. Von dort aus gingen die beiden Gruppen gemeinsam bis Shekar Dzong weiter; Ende April erreichten sie das Rongbuktal. Sie instalierten ein Basislager, und danach begann man mit der Errichtung und Versorgung der Zwischenlager auf dem Ost-Rongbukgletscher: auf 5425 m Camp I, auf 6000 m Camp II, auf 6400 m Camp III.
Am 10. Mai waren Mallory und Somervell soweit, ein Zelt auf dem Nordsattel aufzubauen. Drei Tage später brachen

50 unten *Im Basislager genossen die Expeditionteilnehmer das gemeinsame Frühstück. Auch die weitere Verpflegung war gegenüber 1921 verbessert worden.*

51 oben *Nachdem das Basislager eingerichtet worden war, transportierten die Expeditionsteilnehmer Verpflegung und Ausrüstung in die Hochlager am Ost-Rongbukgletscher.*

51 Mitte *General Bruce veränderte bei der zweiten Expedition die hier abgebildete Route von 1921, da er eine teilweise neue Route gehen wollte.*

51 unten *George Finch, der talentierteste Kletterer der Expedition testete die Sauerstoffausrüstung: Sie bestand aus vier Stahlflaschen, Schläuchen, Ventilen und einer Maske.*

die beiden Bergsteiger und ein Träger in Richtung des Sattels auf und installierten das erste Zelt. Einige Tage später wurde das neue Camp erweitert und eingerichtet: Jetzt konnte der Gipfelanstieg beginnen.

Der erste Versuch am 20. und 21. Mai scheiterte an ihrer Unerfahrenheit. Mallory hatte geglaubt, dass nur ein weiteres Lager etwa 1000 m höher genügen würde, um den Gipfel zu erreichen. Aber die extreme Höhe und der Sauerstoffmangel erschwerten das Vorwärtskommen und so verbrachte das Führungsteam, Mallory, Somervell, Norton und Morshead, die Nacht tiefer als sie geplant hatten (auf 7600 m). Am nächsten Tag gab Morshead auf, die anderen setzten den Aufstieg bis auf 8170 m fort und kehrten dann zum Nordsattel zurück. Auf den ersten Blick erschien ihnen der weitere Abstieg einfach, aber ein Orientierungsfehler, Morsheads schlechte gesundheitliche Verfassung und ein gefährlicher Ausrutscher ließen den Abstieg zu einem Alptraum werden. Die Gruppe kam um 23.30 Uhr erschöpft, hungrig und durstig in Camp IV an. Sie waren alle dehydriert, es gab aber keine Flüssigkeit; die Sherpas hatten irrtümlicherweise alle Behälter mit nach unten genommen. Norton mixte Kondensmilch mit Marmelade und Schnee: Eine Zumutung für den Magen, aber besser als nichts. Nach einer unangenehmen Nacht, in der sie gegen Hunger und Durst kämpften, stiegen sie am nächsten Morgen in Camp III ab. Bei den Zelten angekommen, tranken sie literweise warmen Tee; sie trafen Finch, Bruce und den Gurkha Tejbir, die sich gerade mit Sauerstoffgeräten auf den Weg zum Nordsattel machten. Dies sollte nur ein Experiment sein, Bruce und Finch konnten ihren skeptischen Kollegen zeigen, dass die Sauerstoffmasken von unschätzbarem Wert waren, mit Hilfe derer sie innerhalb von drei Stunden in den Sattel gestiegen und in nur 50 Minuten wieder abgestiegen waren.

Zwei Tage später, am 24. Mai, machten sich Finch, Bruce, Tejbir und Noel wie-

52 links oben *Dieses Foto von Somervell ging um die Welt: George Mallory und Edward Felix Norton in einer Höhe von 8200 m auf der Nordseite des Everest. Alle drei Bergsteiger waren ohne künstlichen Sauerstoff unterwegs.*

52 Mitte *Finch, Bruce und der Gurkha Tejbir verwendeten bei ihrem Besteigungsversuch im Jahr 1922 künstlichen Sauerstoff. Techniker und Physiologen hatten ihnen diese Maßnahme dringend empfohlen.*

52 rechts *Das Camp im Nordsattel, über den in jedem Fall die Aufstiegsroute von Norden führt, war für die Expeditionsteilnehmer ein wichtiger Unterstand (die Nordostschulter des Everest ist oben im Bild zu sehen).*

53 oben links *Eine aus Bergsteigern und Sherpas bestehende Seilschaft beim Abstieg über die eisigen Hänge in der Nähe des Chang-La (Nordsattel). Alle sind schwer mit Lasten bepackt.*

53 oben rechts Die ersten Forscher vermuteten, dass das Western CWM, das hoch gelegene Gletscherbecken auf nepalesischer Seite, mit dem Rongbukgletscher verbunden sei; dies stellte sich jedoch als falsch heraus.

53 unten Geoffrey Bruce, der Neffe des Expeditionsleiters erreichte eine extreme Höhe. Während des Abstiegs musste er von einem Sherpa gestützt werden.

der auf den Weg in den Nordsattel, mit der Absicht, den Gipfel des Everest zu erklimmen. In Camp IV gab Noel auf, seine Kameraden gingen jedoch entschlossen weiter. Gleichzeitig stieg auch eine mit Sauerstoffflaschen ausgestattete Gruppe Träger bis auf 7800 m auf. In dieser Höhe stellten die Bergsteiger ein Zelt auf, das vom immer stärker aufkommenden Wind gebeutelt wurde. Auch am nächsten Morgen hatte sich der Sturm noch nicht gelegt. Sie hätten eigentlich absteigen sollen, aber die Gruppe gab noch nicht auf. Am späten Nachmittag stiegen sechs von Noel gesandte Sherpas zu dem kleinen Zelt auf dem Grat auf, um ihnen heißen Tee und Suppe zu bringen. Die zweite Nacht war eisig. Finch verwandte den Sauerstoff dazu, das Überleben der Gruppe in dieser Höhe sicherzustellen.
Am nächsten Morgen machten sich die Bergsteiger auf den Weg zum Gipfel. Tejbir, der schwerer beladen war als die anderen, hatte die Aufgabe, bis zu dem Punkt aufzusteigen, an dem der Nordgrat auf den Nordostgrat trifft, aber er gab auf 7900 m auf und kehrte zum Zelt zurück. Bruce und Finch gingen ungesichert weiter. Als wieder Wind aufkam, gingen die beiden auf der geschützteren Nordseite etwas unterhalb des Grates weiter. An den Felsplatten des Gelben Bandes kam der unerfahrene Bruce zu langsam voran. Auf 8200 m entschloss sich Finch, wieder auf den Grat zurückzukehren. Kurz darauf hielt Bruce an: Sein Sauerstoffapparat arbeitete nicht mehr und musste sofort repariert werden. Die Zeit verstrich ... und so entschlossen sich die beiden auf 8320 m Höhe umzukehren. Angeseilt stiegen sie in Camp V ab. Tejbir blieb zurück, um auf die Sherpas zu warten, die das Zelt nach unten transportieren sollten. Seine Gefährten stiegen mittlerweile in den Nordsattel ab, wo sie sich erfrisch-

ten, bevor sie sich auf den Weg in Camp III machten.
Die Expedition nahm ein tragisches Ende: Am 7. Juni ging während eines erneuten Versuchs von vier Seilschaften (Mallory, Somervell, Crawford und 13 Sherpas) eine Lawine unterhalb des Nordsattels durch den früh einsetzenden Monsunregen ab und tötete sieben Träger. Daraufhin ordnete General Bruce den Abbruch der Expedition an.
Der zweite Besteigungsversuch auf den Everest fand 1924 statt. Zwei Jahre nach der letzten Expedition schien die Zeit für eine Erstbesteigung des Everest gekommen. Die Erfahrungen, die während der Frühjahrsexpedition von 1922 gesammelt worden waren, sowie die ersten Experimente mit künstlichem Sauerstoff und der extremen Höhe, gaben Anlass für berechtigte Hoffnungen. Der Aufstieg sollte vom Nordsattel aus durchgeführt werden. Ein präziser Plan musste entwickelt und bis ins kleinste Detail ausgearbeitet werden.
Die neue Expedition sollte von General Bruce mit Norton als Stellvertreter geleitet werden. Die weiteren Mitglieder waren Mallory, Somervell, Noel, Bruce, der Geologe Odell, der Arzt und Bergsteiger Beetham, John de Vere Hazard, der sehr junge Andrew Irvine, E.O. Shebbeare und der Arzt R.W.G. Hingston. Die Gruppe brach am 25. März von Darjeeling aus auf. Die Route war die übliche und sie kamen zügig voran. Zwei Wochen später allerdings stieg Bruce, der an Malaria erkrankt war, wieder ab und ging zunächst zurück. Die Leitung der Expedition übernahm nun Norton, der zusammen mit Mallory über den weiteren Aufstieg entschied. Sie hatten vor, drei Camps oberhalb des Nordsattels zu installieren: Camp V auf 7750 m, Camp VI auf 8000 m und Camp VII auf 8300 m. Sie wollten zwei parallel verlaufende Versuche unternehmen. Die Bergsteiger, die für den Aufstieg bestimmt wurden, sollten von Camp VI mit künstlichem Sauerstoff und von Camp VII ohne Sauerstoff aufsteigen und sich gegenseitig mit Sauerstoff aushelfen. Norton bestimmte die Gipfelseilschaften: Mallory und Irvine mit Sauerstoffmasken und -flaschen, Somervell und Norton ohne Sauerstoffausrüstung. Es war logisch, dass Mallory Irvine an die Seite gestellt bekam, da dieser am besten mit der Sauerstoffausrüstung umgehen konnte.
Am 28. April erreichte die Expedition Rongbuk. Norton hatte errechnet, dass der erste Versuch, den Gipfel zu besteigen, um den 17. Mai starten könnte: Die Wahrscheinlichkeit, dass der Monsunregen schon bald einsetzen würde, veranlasste sie, die Dinge voranzutreiben. Die ersten Camps wurden mit Hilfe von 150 Trägern aus der Umgebung errichtet, um Sherpas und Bergsteiger zu schonen. Der Plan schien perfekt zu sein, aber schlechtes Wetter machte das Vorhaben beinahe zunichte. Zwischen dem zweiten und dritten Camp drohte der Expedition

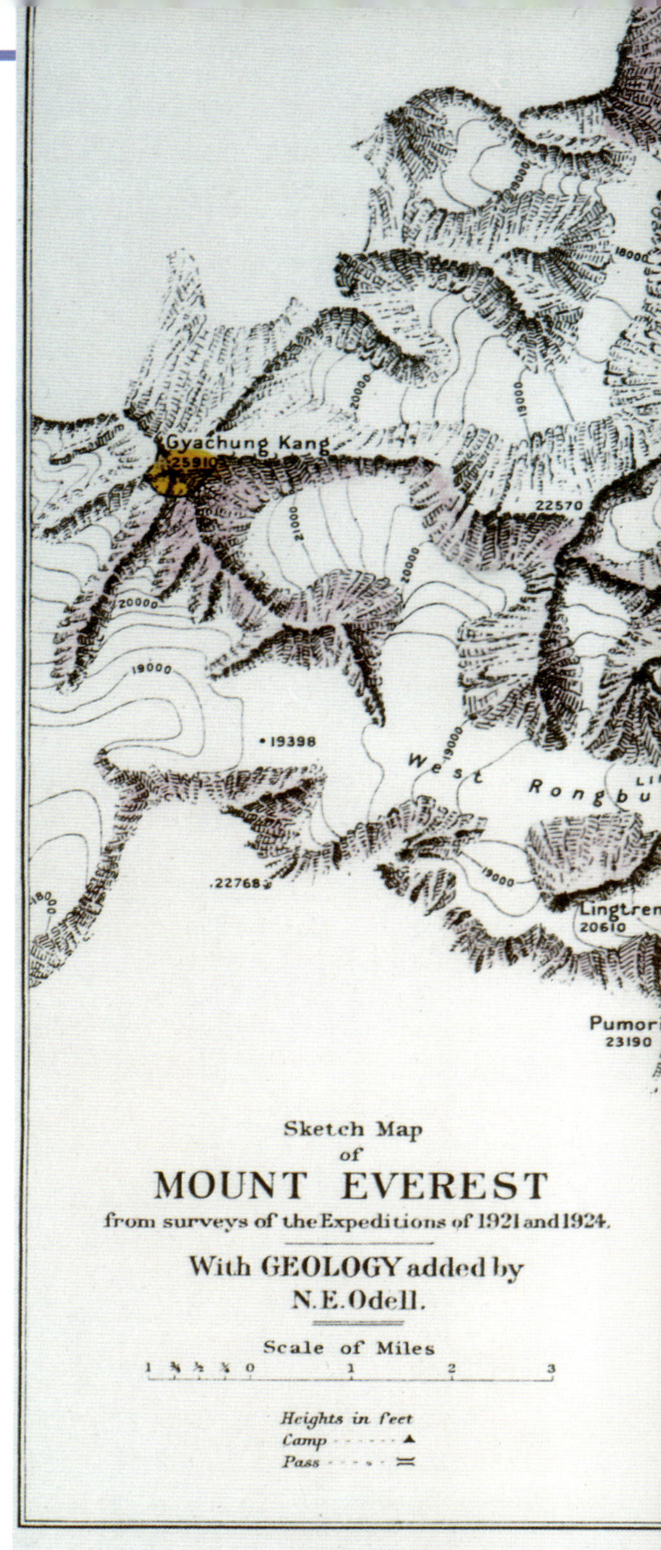

54 Einige Teilnehmer der Everestexpedition von 1924; von links stehend: Irvine, Mallory, Norton, Odell und MacDonald; sitzend: Shebbeare, Bruce, Somervell und Beetham.

54-55 Je mehr Expeditionen zum Everest stattfanden, desto mehr Kenntnisse über die Geografie um den Everest erhielt man; in Folge dessen wurden auch die Karten immer genauer.

55 Mitte Aufstieg durch das Rongbuktal. Die Silhouette des Everest wirkt gegen den Horizont außergewöhnlich groß und gewaltig.

ein Abbruch. Die Temperaturen fielen extrem ab, der Wind blies erbarmungslos über den Gletscher, der Transport kam vollständig zum Erliegen. Norton ordnete einen allgemeinen Abstieg ins Basislager an, um dort abzuwarten, ob sich die Wetterbedingungen bessern würden. Hingston und Somervell behandelten die Gurkhas und Sherpas wegen Erfrierungen, konnten jedoch zwei Männer nicht mehr retten.
Am 15. Mai besuchte der Lama des Rongbuk-Klosters die Bergsteiger und ihre Träger und segnete sie. Kurze Zeit später besserte sich das Wetter, neue Pläne wurden geschmiedet. Vier Tage später waren bereits wieder die ersten drei Lager belegt. Sofort nahmen Mallory und Norton, gefolgt von Odell und einem Sherpa, die Hänge des Nordsattels in Angriff. Sie gingen eine Route, die etwas anders war, als die vor zwei Jahren und versicherten diese mit Fixseilen. Am nächsten Morgen stiegen Somervell, Irvine, Hazard und eine Gruppe Sherpas der Reihe nach in den

55 unten Nach dem Lösen der geografischen Fragen wurden die Lager am Ost-Rongbukgletscher zu routinemäßigen Aufenthaltsorten für die britischen Bergsteiger.

Sattel auf und errichteten Camp IV. Tags darauf fing es jedoch heftig zu schneien an, sodass alle wieder abstiegen mit Ausnahme von vier Sherpas, die vor den steilen Hängen zurückschreckten.
Die Monsunzeit schien angebrochen zu sein. Norton, der um die in Camp IV festsitzenden Sherpas besorgt war, arbeitete einen Rettungsplan aus. Norton, Mallory und Somervell, die erfahrensten Bergsteiger, konnten alle vier erfolgreich nach unten bringen. Auch am nächsten Tag besserte sich das Wetter nicht; der Berg blieb unnahbar und so verließen sie auch Camp III. Nach diesem weiteren Rückzug schien die Expedition kurz vor dem Scheitern zu stehen. Plötzlich klarte jedoch der Himmel auf. Das einzige, was sie jetzt noch tun konnten, war einen Alles-oder-Nichts-Versuch zu wagen und dabei alle bisherigen Pläne beiseite zu legen. Um das Gewicht zu verringern, wollten sie den Aufstieg ohne künstlichen Sauerstoff wagen. Mallory und Bruce beschlossen, einen ersten Versuch zu wagen; ihnen sollten Somervell und Norton folgen, während Odell und Irvine mit Noels Hilfe nach den Zelten im Nordsattel sehen wollten. Am 30. Mai waren alle führenden Seilschaften der Expedition in Camp III.
Am nächsten Tag stiegen Mallory und Bruce wieder die Route zum Nordsattel auf und errichteten dort Camp IV. Am 1. Juni nahmen sie den Grat in Angriff, gefolgt von den Sherpas. Die Hälfte der Träger luden auf 7600 m das Gepäck ab und stiegen ab. Camp V wurde etwa 100 m weiter oben errichtet. Mallory, Bruce und vier Sherpas bezogen die beiden Zelte.
Am nächsten Tag erkletterten Norton, Somervell und einige Sherpas erfolgreich den Grat. Der Wind pfiff erbarmungslos und so stießen sie bald wieder zu Mallorys Gruppe, die gerade in den Nordsattel abstieg. Nach 13 Stunden erreichten Norton und seine Gefährten Camp V. Am nächsten Tag hatte der Sturm nachgelassen, sodass sie sich entschlossen, wieder mit dem Aufstieg zu beginnen. Auf 8170 m errichteten sie Camp VI. Am nächsten Morgen war das Wetter perfekt, es war windstill. Norton und Somervell fühlten sich fit und so machten sie sich um 6.40 Uhr an den Gipfelaufstieg. Nur eine Stunde später waren sie bereits am Gelben Band, jetzt machte sich die extreme Höhe bemerkbar: Sie kamen langsamer voran, Somervell hatte Atemprobleme, da er einen entzündeten Hals hatte und Norton hatte Augenprobleme, da er seine Sonnenbrille vergessen hatte. Die beiden überwanden trotzdem die Kalksteinfelsen des Gelben Bandes, querten die Nordwand des Everest, blieben 150 bis 200 m unter dem Nordostgrat und kamen gegen Mittag an die große Rinne, die sich am Fuß des Gipfelaufbaus befindet. Somervell ging ab da nicht mehr weiter, Norton stieg noch bis auf 8573 m: ein neuer Höhenrekord. Aber der Gipfel lag noch in zu großer Entfernung, sodass sie wieder absteigen mussten.
Norton brauchte eine ganze Stunde, um wieder an die Stelle zurückzukommen, an der Somervell auf ihn wartete. Der Untergrund war tückisch und gefährlich und so musste Norton das eine Seilende zu Somervell werfen, um sicher zu ihm zu gelangen. Wenig später begannen die beiden, an einem Seil mit dem Abstieg. Sie kamen bis Camp VI einigermaßen schnell voran, brachen das Zelt ab und setzten ihren Weg nach unten fort. An Camp V angekommen, entschlossen sie sich bis zum Nordsattel weiterzugehen. Weiter unten am Grat war das Gelände weniger schwierig und so stiegen die beiden unange-

56 links Der Besuch beim Lama am Rongbuk-Kloster entwickelte sich ebenso wie die Errichtung eines Basislagers in Sichtweite des Everest für die Everestveteranen zu einem Ritual.

56 unten Andrew Irvine war für die Technik der Sauerstoffausrüstung während der Expedition verantwortlich, eine Aufgabe der er hervorragend gewachsen war.

56-57 Die Hochlager wurden möglichst an windgeschützten Stellen, frei von Schneeverfrachtungen, errichtet.

57 oben links Nach Errichtung von Camp III musste die britische Expedition von 1924 aufgrund einer Schlechtwetterperiode wieder ins Tal absteigen.

57 oben rechts Im Lauf der Zeit verbesserten die Sherpas ihre Klettertechnik und lernten, mit Seil, Pickel und Steigeisen umzugehen.

seilt ab. Norton hatte keine Probleme beim Abstieg, Somervell schien jedoch der Erstickung nahe, er konnte nicht mehr regelmäßig atmen; schließlich atmete er in seiner Verzweiflung heftig ein, dann fühlte er plötzlich einen Schleimbatzen in seinem Hals. Die Anstrengung ließ seinen Hals bluten, aber er konnte wieder atmen. Wenig später setzten Norton und Somervell ihren Weg fort. Mallory und Odell kamen ihnen auf ihr Rufen hin entgegen und geleiteten sie ins Zelt. Während der Nacht hatte Norton wegen seiner Schneeblindheit starke Schmerzen: Es waren die erste Symptome der Schneeblindheit, die ihn 60 Stunden lang erblinden lassen sollte.
Auch an den nächsten Tagen war das Wetter gut, die Sherpas begannen wieder, die oberen Lager zu versorgen. Vielleicht gab es ja noch eine weitere Chance. Schließlich entschloss sich Mallory, es noch einmal zu wagen; dieses Mal wollten sie es ohne Sauerstoffausrüstung bis Camp VI versuchen und diese erst ab da einsetzen. Norton riet ihm, mit Odell aufzusteigen, Mallory wollte jedoch mit Irvine eine Seilschaft bilden. Am 6. Juni machten sich die beiden mit acht Sherpas in Richtung Camp V auf. Am nächsten Tag stiegen sie bis Camp VI auf. Unter ihnen erreichten Odell und die Sherpas Camp V, in dem sie auch die Sherpas trafen, die Mallory und Irvine gefolgt waren. Alles lief gut: Die Führungsseilschaft war in guter Verfassung, das Wetter war schön und alle Hochlager waren mit Bergsteigern belegt.
Am 8. Juni machten sich Mallory und Irvine auf den Weg zum Gipfel. Es ist leider nicht mehr genau festzustellen, zu welchem Zeitpunkt sie die Zelte verließen. Inzwischen war auch Odell in Richtung Camp VI aufgebrochen. Der Himmel war klar. Gegen 8 Uhr kamen jedoch Wolken auf, sodass man den oberen Teil des Grates, der sich bis auf den Gipfel hinzieht, nicht mehr vollständig einsehen konnte. Auf 7900 m stieg Odell auf eine Erhebung; es war 12.50 Uhr; plötzlich konnte man den oberen Teil des Everest ganz klar einsehen. In großer Entfernung erkannte er auf den Hängen, die zu einem Vorsprung am Grat führen, vor der letzten Pyramide zwei sich bewegende, dunkle Flecken: zweifelos Mallory und Irvine. Es war aber schwierig den Ort auszumachen, an dem sich Mallory und Irvine zu diesem Zeitpunkt befanden und schon bald verdeckten Wolken wieder die Sicht. Später wurde anhand von Fotografien diese Höhe auf 8450 m geschätzt.
Als Odell um 14 Uhr Camp VI erreichte, kam Wind auf; es begann zu schneien. Auch die Sichtverhältnisse wurden jetzt problematisch. Mallory und Irvine befanden sich vermutlich bereits auf dem Rückweg. Odell stieg 50 m auf und rief mehrere Male. Keine Antwort. Er wartete lange auf seine Gefährten, ging aber schließlich in das Zelt zurück. Zwei Stunden später legte sich der Schneesturm, die Sonne kam wieder heraus. Odell beobachtete die Wand und den Grat lange, ohne die

58 links *Die Expedition von 1924 wählte die Kaminroute, um in den Nordsattel zu gelangen; ein heikler Weg, der durch eine Lücke zwischen hohen Séracs hindurchführt; dafür ist dieser Weg jedoch lawinensicher.*

58 rechts *Während eines Besteigungsversuchs von Somervell und Norton Anfang Juni kam Norton über die 8500 m Grenze hinaus. Somervell, der auf 8400 m zurückgeblieben war, fotografierte ihn.*

58-59 *Dieses Foto zeigt die höchsten Punkte, die von den britischen Bergsteigern während der beiden Besteigungsversuche im Juni 1924 erreicht wurden.*

59 rechts *Am Abend bevor Mallory und Irvine zu ihrem Besteigungsversuch aufbrachen, schrieb Mallory diesen Brief an Odell in Camp VI: Es war seine letzte Nachricht.*

59 unten *Mallory und Irvine brachen mit Sauerstoffausrüstung zu den Hochlagern auf, um von dort einen letzten Versuch zu wagen. Dies ist das letzte Foto der beiden Bergsteiger, bevor sie für immer im Schnee des Everest verschwanden.*

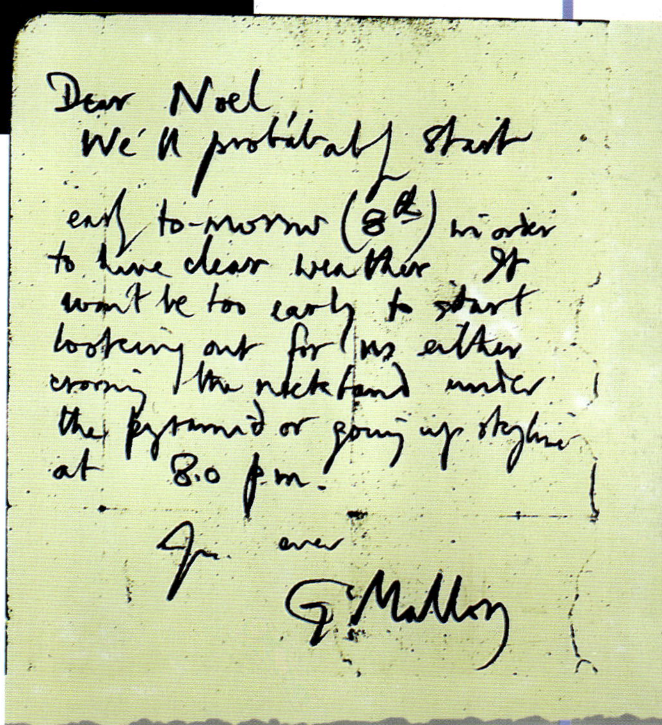
Dear Noel
We'll probably start early to-morrow (8th) in order to have clear weather. It won't be too early to start looking out for us either crossing the rock band under the pyramid or going up skyline at 8.0 p.m.

Yours ever
G Mallory

geringste Spur von Mallory und Irvine zu entdecken. Dann stieg er ab, um das Zelt für die beiden freizuhalten. Um Mallorys Instruktionen einzuhalten, musste auch Camp V unbesetzt sein und so stieg Odell bis in den Nordsattel ab, wo Hazard auf ihn wartete. Die ganze Nacht über starrten die beiden auf den Grat, in der Hoffnung ihre beiden Kameraden ausmachen zu können. Aber sie sahen kein Anzeichen von ihnen, auch nicht am nächsten Morgen. Daraufhin machten sich Odell und zwei Sherpas am nächsten Mittag auf den Weg in die beiden Hochlager. Sie verbrachten eine Nacht in Camp V. Am nächsten Tag stieg Odell dann unter Verwendung von künstlichem Sauerstoff in Camp VI auf. Aber auch hier war keine Spur von Mallory und Irvine. Es war sinnlos zu diesem Zeitpunkt irgendwelche Vermutungen anzustellen. Es gab nur eines: weiter aufsteigen. Mit dem Mut der Verzweiflung ging Odell weiter, in der Hoffnung irgendwelche Spuren zu finden. Zwei Stunden später gab er jedoch auf. Er legte zwei Schlafsäcke in T-Form in den Schnee, um Hazard über das Ergebnis seiner Suche zu informieren. Inzwischen warteten Norton, Bruce, Noel und Hingston in Camp III auf Nachricht. Im Nordsattel bereitete Odell eine weitere Nachricht für den Expeditionsleiter vor; er legte sechs Decken in Form eines Kreuzes. Norton antwortete ihm, er solle die Suche aufgeben. Die Expedition war vorüber; es war sinnlos weitere Leben zu riskieren.
Die Leichen von Mallory und Irvine wurden nie gefunden.

60 oben links *Acht Jahre nach Mallorys und Irvines Verschwinden leitete Hugh Ruttledge eine weitere britische Everestexpedition. Es war eine große Unternehmung mit vielen hervorragenden Bergsteigern.*

60 oben rechts *1933 starteten zwei Flugzeuge, eine Westland P.V3 und eine Weston Wallace, 500 km nördlich von Kalkutta und überflogen erstmals den Everest und das umliegende Gebiet.*

VERSUCHE IN DEN DREISSIGERJAHREN

Nach dem tragischen Ausgang der Expedition von 1924 konnten die Briten acht Jahre lang die indische Grenze nicht mehr überschreiten, da ihnen der Dalai-Lama die Visa verweigerte. Charles Bell, der die Vereinbarungen für die ersten Expeditionen ausgehandelt hatte, war kürzlich gestorben. Sein Nachfolger Frederick Marshman Bailey, der ständige englische Vertreter in Sikkim, befürwortete keinen neuen Besteigungsversuch des Everest. Erst Ende der 20er Jahre, als Bailey aus Altersgründen ausschied, keimte die Hoffnung auf, wieder in den Himalaya zurückkehren zu können.
1933 erteilte der Dalai-Lama die Erlaubnis zur Durchreise. Das Everestkomitee begann sofort mit den Vorbereitungen für eine neue Expedition. Die alte Garde der Alpinisten stand nicht mehr zur Verfügung, junge und dennoch erfahrene Leute waren gefragt.

Die Leitung der Expedition wurde dem 48-jährigen Hugh Ruttledge, dem Leiter für indische Angelegenheiten übertragen, der ein Kenner des Himalayagebietes war. Zu den Teilnehmern der Expedition zählten: Francis Sydney Smith, 32, ein berühmter Bergsteiger zum damaligen Zeitpunkt; Eric Shipton, der sich gerade zum Star der britischen Bergsteigerschule entwickelte; E. St. J. Birnie, Smythes und Shiptons Gefährte während der Besteigung des Kamet im Jahr 1931; Raymond Green

60 unten *Eine optische Täuschung im Rongbuktal lässt den Changtse (7537 m) die Nordwand des Everest überragen.*

als Expeditionsarzt; W. MacLean, ebenfalls Arzt; Colin Crawford, ein Veteran der Expedition von 1922; Percis Wyn-Harris, ein guter Alpinist, aber ohne Himalayaerfahrung; Laurence Wager und Jack Longland, beide aus Bergsteigerfamilien; Major Hugh Boustead, ein mit dem Gebiet Sikkim vertrauter Abenteurer; T.A. Brockleband, 24, Alpinist und Kanumeister; George Wood-Johnson, der an der internationalen Expedition zum Kanchenjunga im Jahr 1931 teilgenommen hatte; E.O. Shebbeare, ein Verbindungsoffizier mit großer Erfahrung und Teilnehmer der Expedition von 1924; E.C. Thompson und W.R. Smith-Windham, zwei Telegrafenbeamte (eine absolute Neuheit während einer Himalayaexpedition). Die Ausrüstung wurde sorgfältig ausgewählt, insbesondere die Zelte und die winddichte Kleidung. Es hatte auf diesem Sektor jedoch keine entscheidenden Verbesserungen seit der letzten Himalayaexpedition gegeben. Auf anderem Gebiet war man allerdings bereits um einiges weiter: Man wusste wesentlich mehr über das Bergsteigen in extremer Höhe durch früher begangene Fehler und die Sherpas hatten sich technisch entscheidend verbessert. Die Sauerstoffgeräte waren leichter geworden, wenngleich sie während dieser Expedition nie zum Einsatz kamen. Der Anmarsch der Ruttledge-Expedition war ereignislos, fand jedoch wesentlich früher statt als bisher üblich: Ende Februar war man von Darjeeling aus aufgebrochen und am 16. April in Rongbuk angekommen. Man errichtete die ersten Lager langsam, um sich nicht im Kampf gegen das schlechte Wetter total zu verausgaben. Der Aufstieg in den Nordsattel würde noch viel Zeit und Anstrengung kosten, denn die Bedingungen an den Gletscherabbrüchen hatten sich verschlechtert. Das technische Problem des Aufstiegs in den Sattel, ein senkrechter Wandabbruch, wurde von Smith brillant gelöst. Diese Passage wurde am 13. Mai mit Fixseilen versehen; am nächsten Tag errichtete ein Team von Bergsteigern und Trägern

61 links Hugh Boustead und George Wood-Johnson beim Aufstieg über den Ost-Rongbukgletscher. Beide waren kundige Himalayabergsteiger. Vor allem Wood-Johnson, der 1931 an der internationalen Expedition zum Kangchenjunga teilgenommen hatte.

61 rechts 1933 war der Aufstiegshang in den Nordsattel steiler geworden. Deshalb mussten Leitern angebracht werden, um den schwer bepackten Trägern den Aufstieg zu erleichtern.

62 links *Ein Aufstieg zum Everest ist in erster Linie ein aufreibendes Transportieren von Material, Zelten und Verpflegung, um eine Besteigung überhaupt möglich zu machen.*

62 unten *Um Erfrierungen zu vermeiden, müssen bereits erste Anzeichen von Taubheit in den Gliedmaßen beachtet werden; die Zirkulation in den Gliedmaßen muss sofort angeregt werden.*

63 oben links *Hauptmann E. St. J. Birnie wird wegen schwerer Erfrierungen an den Füßen von Sherpas ins Basislager getragen.*

63 unten links *Eine Seilschaft versucht einen Weg durch den Neuschnee zu finden. Eine schwierige Aufgabe auch für Bergsteiger mit extrem guter Kondition.*

63 rechts *Bei gutem Wetter hat man in Camp V einen herrlichen Ausblick. Man kann beide Seiten des Grates sowie die weiter entfernt liegenden Gipfel sehen.*

trotz starken Windes Camp IV. Kurze Zeit später begann ein Schneesturm, der alle für mehrere Tage in ihren Zelten festhielt. Mittlerweile hatten sie die telegrafische Nachricht erhalten, dass der Monsunregen bereits im Golf von Bengalen eingesetzt hatte. Es war Zeit für einen Gipfelversuch.
Am 22. Mai wurde auf 7830 m Camp V errichtet. Wyn-Harris, Greene, Boustead und Wager blieben dort. Am nächsten Tag kamen noch Smythe und Shipton nach. Aber es war hoffnungslos: Zwei Tage lang blies der Wind erbarmungslos und so stieg die gesamte Gruppe wieder in den Nordsattel ab.
Am 28. Mai brachen sie zu einem erneuten Versuch auf; Wager, Longland, Wyn-Harris und Birnie belegten Camp V. Am 29. Mai errichteten Longland, Wager und Wyn-Harris mit Hilfe von einigen Sherpas Camp VI auf 8350 m. Am Abend stieg Longland mit den Trägern unter widrigsten Verhältnissen ab: Ein Schneesturm tobte um den Berg, der Weg war schwierig zu finden, die Sicht gleich null. Letzten Endes behielten Longlands Erfahrung und technisches Können die Oberhand, sodass sie sicher in Camp V ankamen.
Nach einer schlaflosen Nacht brachen Wager und Wyn-Harris am nächsten Tag zum Gipfel auf. Sie stiegen diagonal zum Nordostgrat auf. Eine Stunde später kamen sie an einen Felsvorsprung, an dem ein Eispickel lehnte: Ohne Zweifel war dies Mallorys oder Irvines Eispickel wie dem Namen des Herstellers zu entnehmen war. Nun setzten die Bergsteiger ihren Weg zum First Step am Grat fort. Sie mussten feststellen, dass ein Aufstieg über den Kamm des Grates zu gefährlich war und so entschieden sie sich, etwas weiter unten, entlang des Gelben Bandes, aufzusteigen, um dann über den Second Step zu klettern. Letzterer entpuppte sich als senkrechte Wand. Daraufhin querten sie auf schwierigem Gelände abwärts, um ins Nortoncouloir zu gelangen. Als sie 15 m über dem Gelben Band waren, hielten sie an: Es war bereits 12.30 Uhr und der Gipfel lag noch 300 m über ihnen. Sie befanden sich ungefähr auf gleicher Höhe wie Norton 1924 und verfügten über eine gute Kondition, sodass sie den Gipfel wahrscheinlich vier Stunden später erreicht hätten. Aber die Felsen waren vereist, ein Weitergehen erschien ihnen zu gefährlich und sie beschlossen, aufzugeben.
Für den Abstieg wählten sie einen leichteren Weg. Um 16 Uhr waren sie wieder in Camp VI, wo sie Smythe and Shipton trafen. Anschließend setzten setzten sie ihren Weg in Camp V fort.
Mittlerweile hatte das Wetter umgeschlagen. Smythe und Shipton waren erst wieder am 1. Juni in der Lage, den Weg zum Gipfel zu wagen. Aber um ihren physischen Zustand stand es nicht zum Besten: Zwei Nächte in großer Höhe hatten beide, vor allem jedoch Shipton, erschöpft. Dieser gab am Fuß des First Step auf und kehrte um. Smythe jedoch setzte seinen Weg auf der Route, die Norton eröffnet hatte, fort. Nachdem er dieselbe Höhe wie Wager und Wyn-Harris erreicht hatte, entschied sich Smythe umzukehren. Wenn er künstlichen Sauerstoff verwendet hätte ... Dieser erneute Fehlversuch war aber nicht nur auf seine hochgradige Erschöpfung zurückzuführen: Smythe stand auch unter enormem psychischen Stress und hatte wegen der großen Höhe und dem damit verbundenen Sauerstoffmangel Halluzinationen. Er bildete sich ein, sein Gefährte folge ihm Schritt für Schritt. Weiter unten, während des Abstiegs in Camp VI glaubte er, zwei dunkle Gestalten zu erkennen, die langsam auftauchten und wieder verschwanden. In Lager VI angekommen, fühlte Smythe sich zu erschöpft um weiterzugehen. Shipton stieg jedoch in Camp V ab; es war erstaunlich, dass er überhaupt den Weg fand, da ein heftiger Schneesturm ihn völlig die Orientierung verlieren ließ. Am nächsten Tag stieg Smythe ebenfalls in Camp V ab, das Shipton und Birnie kurz zuvor verlassen hatten. Danach setzte er seinen Weg in Richtung Nordsattel fort. Am 7. Juni versammelten sich alle Expeditionsmitglieder im Basislager, der Rückzug war beschlossen.
Im nächsten Jahr gibt es nur über ein Ereignis zu berichten: Der Fanatiker

__64 oben__ Der ehemalige britische Offizier Maurice Wilson (hier in Fliegerausrüstung) unternahm einen Alleinversuch über die Nordsattelroute. Sein Leichnam wurde im nächsten Frühjahr auf 6400 m Höhe gefunden.

__64 unten__ Eric Shipton leitete die britische Expedition im Jahr 1935. Aufgabe dieser Expedition war es vor allem, die geografischen Kenntnisse zu verbessern und die beste Route auf den Gipfel des Everest zu finden.

__64-65__ Einige Bergsteiger bei der Erforschung des Ost-Rongbukgletschers. 1935 setzte der Monsunregen später als üblich ein und das Wetter blieb sehr lange stabil. Shipton nutzte jedoch die günstige Gelegenheit nicht, um einen Anstieg auf den Gipfel zu wagen, sondern hielt weiter an seinem Forschungsprogramm fest.

Maurice Wilson ein ehemaliger britischer Offizier versuchte im Alleingang den Everest zu besteigen. Sein Leichnam wurde im darauf folgenden Jahr auf 6400 m Höhe, in der Nähe eines Lebensmitteldepots der Expedition von 1933 gefunden.

1935 organisierten die Briten eine weitere Expedition, deren Ziel es sein sollte, die geografischen Kenntnisse zu erweitern und die beste Route für die Besteigung zu finden. Geleitet wurde die Unternehmung von Eric Shipton; weitere Mitglieder waren: Harold William Tilman, Forscher und Bergsteiger, der Arzt Charles Warren, Edwin Kempson, Edmund Wigram, der Neuseeländer L.V. Briant und der Topograf Michael Spencer. Zu der Gruppe stieß im letzten Moment der vielversprechende 19-jährige Tenzing Norgay ... Ende Mai brach die Karawane von Dar-

65 unten links
1935 erkundeten Eric Shipton und Dan Bryant auch die Lingtrengruppe. Dort führten sie unter anderem drei Erstbesteigungen durch (in der Bildmitte der 6437 m hohe Gipfel).

65 unten rechts
In weniger als zwei Monaten bestiegen die Teilnehmer der Shiptonexpedition 26 Gipfel, erforschten die drei Arme des Rongbukgletschers, erkundeten weitere Regionen in diesem Gebiet und verbesserten die kartografischen Vermessungen.

jeeling aus auf. Von Anfang an wurden Forschungen in unbekanntem Gelände durchgeführt, man wich von der bisher üblichen Route ab. Der Monsunregen setzte in diesem Jahr spät (am 26. Juni) ein, es herrschten extrem gute Wetterbedingungen am Everest. Aber Shipton hielt streng an seinem Expeditionsplan fest und ließ sich nicht in Versuchung bringen, den Gipfel zu besteigen. Das war nicht allzu überraschend, da sein eigentliches Interesse nicht der Besteigung des Everest, sondern der Erforschung des ganzen Gebietes galt. Er nahm jede Gelegenheit wahr, in diesem Jahr unbekannte Gegenden dieser Himalayaregion zu erkunden. Zudem kam die Expedition mit unglaublicher Geschwindigkeit voran: Die Zustiegshänge zum Nordsattel wurden gründlich studiert; in nur vier Tagen errichteten sie von Rongbuk aus vier Lager. Anschließend wendete sich die Gruppe anderen Gebieten zu: Innerhalb von zwei Monaten bestiegen sie 26 Gipfel und überquerten drei Arme des Rongbukgletschers der Länge und Breite nach. Anfang August stiegen Tilman und Wigram zum Lho-La auf und studierten den Westgrat des Everest, während Shipton und Bryant nochmals zum westlichen Rongbukgletscher aufstiegen und drei Gipfel der Lingtrengruppe erklommen. Von dort aus konnten sie das Western CWM einsehen. Spender und Warren fertigten kartografische Skizzen von der Umgebung an und brachten dadurch die in den 20er Jahren begonnene Arbeit voran. 1936 fand eine weitere Everestexpedition statt. Expeditionsleiter war wieder Ruttledge, der dieses Mal acht erfahrene Bergsteiger um sich scharte: Smythe, Shipton, Wyn-Harris, Kempson, Warren, Wigram, Oliver, Gravin und Morris, der bereits 1922 dabei gewesen war; außerdem nahmen der Sprechfunktechniker Smyth-Windham und der Arzt

66-67 *Während sie das westliche Gebiet erkundeten, konnten Shipton und seine Begleiter den Everest von einer neuen Seite fotografieren, von der aus auch der Nuptse zu sehen ist.*

66 unten links *Während der Expedition 1935 bestiegen Eric Shipton und Dan Bryant drei Gipfel in der Lingtrengruppe. Von dort konnten sie den Gletscherfluss am Western CWM auf der nepalesischen Seite des Everest einsehen.*

67 oben Eric Shipton, Leiter der Expedition von 1935 und unermüdlicher Himalayaforscher (fotografiert auf 6400 m Höhe am Gletscher).

66 unten rechts Nachdem die Bergsteiger 1935 auf Shiptons Anordnung hin, auf einen Anstieg über den Nordsattel hinaus verzichtet hatten, erforschten die Bergsteiger intensiv die Region um den Everest. Sie führten auch einige Besteigungen im Gebiet um Camp II auf dem Ost-Rongbukgletscher (hier im Bild) durch.

67 Mitte Während Shiptons Expedition wurde der Everest von verschiedensten Aussichtspunkten fotografiert. Dieses Bild entstand auf 6931 m Höhe und zeigt den weit entfernten Everest.

67 unten Nachdem Shiptons Expeditionsteilnehmer den Kharta-Phu-Sattel erkundet hatten, erforschten sie den Kharta- und Karthchangrigletscher; sie konnten wichtige Details über dieses Gebiet sammeln.

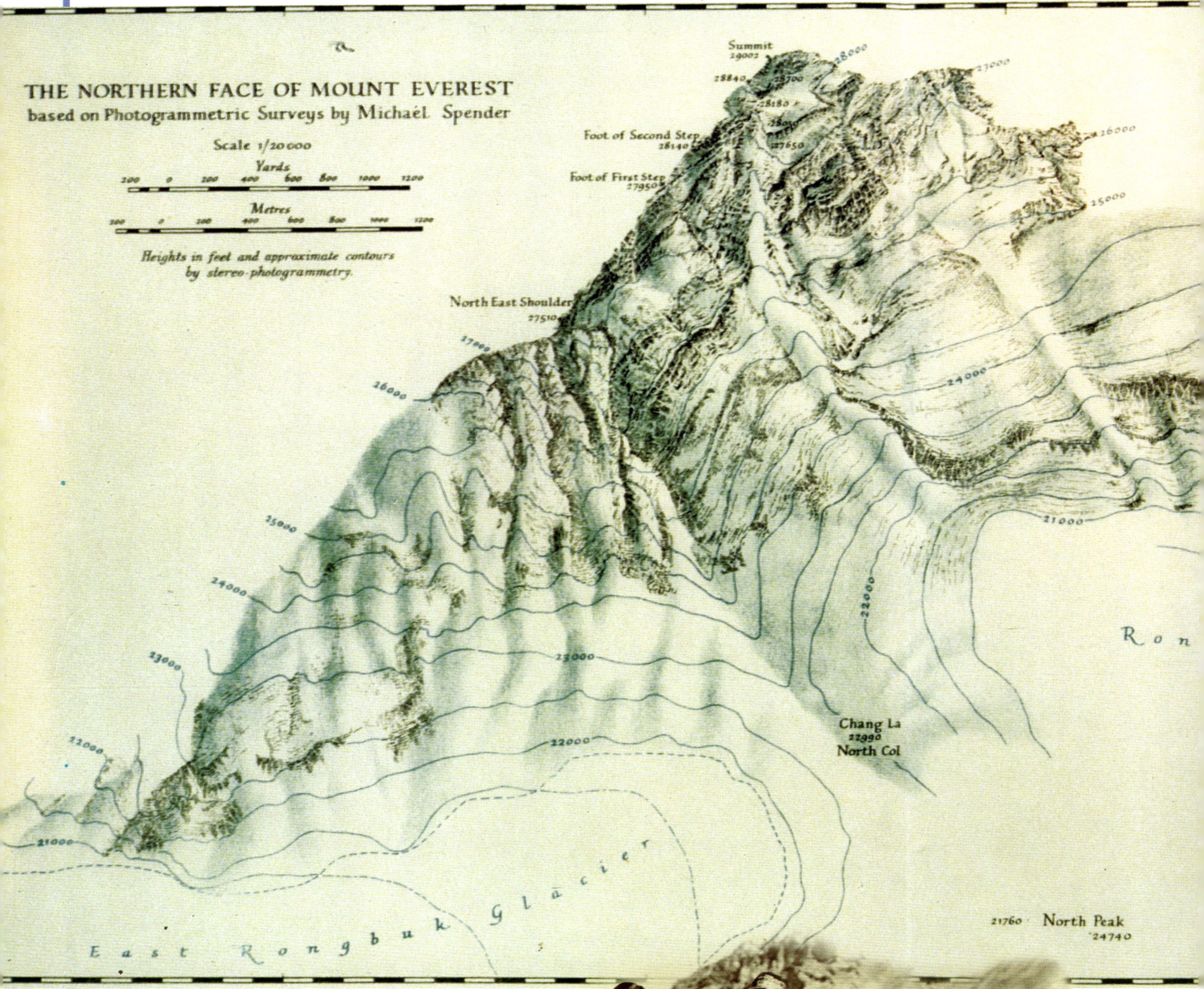
THE NORTHERN FACE OF MOUNT EVEREST
based on Photogrammetric Surveys by Michaël Spender
Scale 1/20000
Yards
Metres
Heights in feet and approximate contours by stereo-photogrammetry.
Summit 29002
Foot of Second Step 28140
Foot of First Step 27950
North East Shoulder 27510
Chang La 22990 North Col
North Peak 24740
East Rongbuk Glacier
Ron

68-69 Anhand der Fotografien des Topografen Michael Spender, einem Mitglied der Shiptonexpedition, konnte eine detaillierte Karte der Nordseite des Everest erstellt werden. Sie war die präziseste, die bis dahin entstanden war.

68 unten links *Die Expedition wurde von erfahrenen Sherpas begleitet wie z. B. Ang Tarkay und Ang Tshering. Unter den jüngeren Sherpas war auch Tenzing Bothia, der später als Tenzing Norgay und Gefährte von Hillary im Jahr 1953 berühmt werden sollte.*

68 unten rechts *Teilnehmer der Expedition von 1936 unter Leitung von Hugh Ruttledge. Von links stehend: Smyth-Windham, Oliver, Humphreys und Warren; in der Mitte: Shipton, Smythe, Ruttledge, Morris und Wyn-Harris; sitzend: Gravin, Wigram und Kempson.*

69 oben *Ruttledges Expedition errichtete Camp III am Fuß der Aufstiegsroute zu den Westhängen des Chang-La. Von hier aus gelangten die Bergsteiger problemlos in den Nordsattel. Der Monsunregen zwang sie jedoch kurz darauf wieder abzusteigen.*

69 unten *Im Lauf der Jahre wurde die Sauerstoffausrüstung leichter und perfekter. Die Modelle, die in den 30er Jahren verwendet wurden, waren wesentlich besser als die von den ersten Forschern eingesetzten.*

Humphreys teil. Eine standhafte, doch glücklose Truppe. Sie beobachteten vom ersten Tag an, dass die Wetterbedingungen am Everest nicht normal waren. Im Gegensatz zu den letzten Jahren blies der Wind von Osten und ließ große Schneemassen niedergehen. Am 22. Mai hatte bereits der Monsunregen in Darjeeling eingesetzt und fegte in nur vier Tagen über Indien hinweg. Kurz zuvor hatten Sherpas und Bergsteiger Camp IV am Nordsattel errichtet. Sie mussten jedoch aus Sicherheitsgründen wieder ins Basislager absteigen. Am 3. Juni wagte Shipton einen Aufstieg in den Nordsattel; die Situation war jedoch gefährlich, da sich das Wetter nicht besserte und so stieg man wieder in das Basislager ab. Nach mehreren erfolglosen Versuchen zog sich die Expedition nach Rongbuk zurück.

***70 oben links** Mitglieder der britischen Expedition aus dem Jahr 1938, der letzten vor Ausbruch des Zweiten Weltkrieges. Von links nach rechts: Warren, Lloyd, Tilman (der Expeditionsleiter), Oliver, Smythe, Odell und Shipton.*

***70 Mitte links** Das Leben im Basislager war weit weniger monoton als in den Hochlagern: Man konnte sich ausruhen und wieder zu Kräften kommen, Sonnenbaden oder sich mit den anderen Expeditionsteilnehmern unterhalten.*

Zwei Jahre später gab es einen weiteren britischen Versuch von tibetanischer Seite. Die Expedition verfügte über ein sehr limitiertes Budget, hatte die Ausrüstung auf das Wesentliche reduziert und trat mit großem Enthusiasmus an. Zum Team von Tilman gehörten berühmte Bergsteiger wie Smythe, Shipton, Odell, Oliver, Warren und der junge Peter Lloyd, aber auch fähige Sherpas wie Angtharkay, Pasang, Kusang und Norgay. Am 6. April erreichte die Expedition Rongbuk. Es herrschten perfekte Bedingungen am Everest. Innerhalb von 20 Tagen errichteten und versorgten sie die ersten drei Hochlager. Aber es war noch zu kalt, um weiter aufzusteigen. Um sich die Zeit zu vertreiben, überquerten sie Lhakpa-La, stiegen in das Khartatal ab und gingen Mallorys Route von 1921 in umgekehrter Richtung. Mittlerweile hatte sich das Wetter geändert, es hatte zu schneien begonnen und als sie Rongbuk am 14. Mai wieder erreichten, hatten sich die Verhältnisse am Everest verändert. Das Vorspiel für eine weitere anomale Saison wie im Jahr 1936 hatte begonnen. Am 18. Mai waren sie wieder in Camp III. In der darauf folgenden Woche wurde Camp IV am Nordsattel errichtet.

Am 29. Mai stiegen Odell, Oliver, Warren und Tilman hinter dem spurenden Norgay über den Grat bis auf 7450 m auf. Aber auch in den nächsten Tagen schneite es und so zog sich die Gruppe wieder in Camp I zurück. Unter diesen Verhältnissen erschien der Aufstieg über den Nordsattel zu gefährlich und so entschieden sie sich es über eine andere, vom Hauptrongbukgletscher wegführende, Route zu versuchen.

In den folgenden Tagen errichteten sie drei neue Lager, das letzte auf 6500 m, unterhalb des westlichen Abbruchs des Nordsattels. Dieses war allerdings nicht weniger von Lawinen bedroht, als die Lager der ursprünglichen Route.

Am 5. Juni erreichten sie Camp IV; am nächsten Tag errichteten Tilman, Lloyd, Smythe, Shipton und einige Sherpas Camp V auf 7850 m. Shipton, Smythe und sieben Sherpas verbrachten die Nacht in diesem Hochlager und wurden durch starken Wind am nächsten Tag dort festgehalten. Am 8. Juni machten sich die zwei Bergsteiger auf den Weg zum Gipfel. Eine Stunde später (auf 8320 m) entschlossen sie sich umzukehren, da sie bis zu den Knien im Pulverschnee versanken. Zu diesem Zeitpunkt war ein Rückzug in Camp V unumgänglich. Tilman und Lloyd (letzterer mit Sauerstoffgerät) versuchten ebenfalls zum Gipfelgrat aufzusteigen, mussten aber ebenso aufgeben. Kurze Zeit später stiegen alle ins Basislager ab. Sie hatten keine Hoffnung mehr, den Everest von Norden aus besteigen zu können. Alles musste wieder von Anfang an geplant werden.

Es sollte jedoch viel Zeit verstreichen, bis der nächste Besteigungsversuch stattfand. Niemand ahnte zu diesem Zeitpunkt, dass die Welt schon bald darauf vom Kanonenfeuer eines furchtbaren Krieges erschüttert werden sollte.

__70 unten links__ Diese Krähen wurden in 6000 m Höhe fotografiert.

__70 rechts__ Schlechtes Wetter und Lawinen machten den Nordsattel einige Tage lang unpassierbar. Die Expeditionsteilnehmer von 1938 trennten sich daher, um nach einer sicheren Route zu suchen und gelangten von beiden Seiten her in den Sattel.

__71 oben__ Im Frühjahr 1938 verlangsamten heftige Niederschläge und extreme Kälte (in Camp III wurden –47 °C gemessen!) das Vorankommen der Bergsteiger. Sie kamen nicht über 8300 m hinaus.

__71 unten__ Ausblick von Camp V: In nordöstlicher Richtung kann man den Ost-Rongbukgletscher überblicken.

Nach dem Ende des Zweiten Weltkrieges kam erneut die Idee auf, den Everest zu besteigen. Doch bevor der Alpine Club und die Royal Geographical Society ein Expeditionskomitee gebildet hatten, fand ein merkwürdiger Besteigungsversuch statt. Der Kanadier Earl Denman, drang mit den Sherpas Tenzing Norgay und Ang Dawa ohne Erlaubnis heimlich nach Tibet ein. Am 8. April 1947 erreichte die Gruppe Rongbuk. Zwei Tage später stiegen die drei Teilnehmer bereits den Gletscher hinauf. Sie kamen schnell voran und errichteten nur leichte, kleine Zelte bis zum Fuß des Nordsattels. Dann kam ein Schneesturm auf, der Versuch musste auf 7150 m kurz unterhalb des Nordsattels abgebrochen werden.
Im selben Jahr fanden auf dem indischen Subkontinent umwälzende politische Veränderungen statt: Aus dem untergegangenen britischen Königreich entstanden zwei getrennte Staaten: die indische Staatenvereinigung und das moslemische Pakistan. Soziale Spannungen, Straßenkämpfe und erbitterte grundsätzliche Meinungsverschiedenheiten zwischen den beiden Staaten kosteten Millionen von Menschen das Leben. Dadurch wurden Teile des Himalaya für Europäer unerreichbar. Nördlich des Himalaya sah es allerdings noch schlimmer aus: Dem Dalai-Lama war prophezeit worden, dass sein Volk von der Außenwelt bedroht werde, daher ließ er alle Grenzen schließen. Einige Jahre später stellte er fest, dass dieses Orakel durchaus seine Berechtigung gehabt hatte: Im Herbst 1950 besetzte die chinesische Armee Tibet, das später den Status einer autonomen Provinz erhielt. Tibet wurde vollkommen isoliert und kein Bergsteiger hatte auf Jahre hinaus die Möglichkeit, durch dieses Gebiet zu reisen.
An eine Besteigung des Everest war nicht mehr zu denken. Doch zur Überraschung aller öffnete Nepal wieder seine Grenzen für den Westen; die Anwesenheit der chinesischen Armee auf der Nordseite des Himalaya blieb jedoch ein beunruhigender Faktor. Für die internationale Politik hatte diese Entscheidung positive Konsequenzen. Die Möglichkeit, den Everest von der Südseite zu besteigen ließ alte Projekte wieder aufleben und weckte neue Hoffnungen. Die Hauptschwierigkeit bestand vor allem darin, dass man sehr wenig über dieses Gebiet wusste. Bis zu diesem Zeitpunkt war Nepal ein

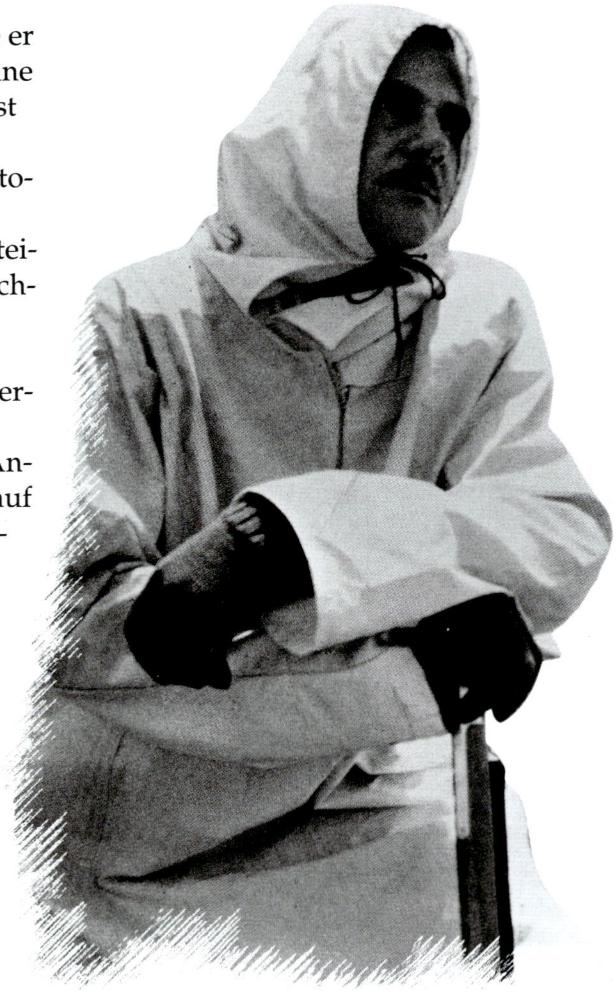

DIE NACHKRIEGSJAHRE

72 oben *Im Sommer 1947 durchquerte der Kanadier Earl Denman als Tibetaner verkleidet in Begleitung von zwei Sherpas Tibet und erreichte den Rongbukgletscher. Er stieg bis zum Fuß des Nordsattels auf; dann zwang ihn jedoch ein Schneesturm wieder ins Tal abzusteigen.*

72 unten *Um den Everest von nepalesischer Seite aus zu besteigen, muss man den Khumbugletscher passieren und in dessen unterem Abschnitt einen großen und gefährlichen Eisfall überwinden.*

unbekanntes und unerforschtes Land. Bevor man daran denken konnte, den Everest zu besteigen, musste man den Berg erst gründlich erforschen. Man musste die beste Zustiegsroute finden und die Möglichkeit eines Aufstiegs von Süden her erkunden.
Die erste Expedition hatte daher nur Erkundungscharakter. Es gab aber dennoch einen entscheidenden Unterschied: Leiter der ersten Forschungs- und Bergsteigerexpedition waren der Amerikaner Houston, Arzt und bekannter Bergsteiger, sowie Tilman, die 1936 zusammen bereits eine Expedition zum Nanda Devi geleitet und zwei Jahre zuvor eine Besteigung des K2 versucht hatten. Diese Expedition besuchte das Dorf der Sherpas, kam nach Namche Bazar und erforschte das Khumbutal; dann erkundeten sie die Südhänge des Everest, am Fuß des Khumbueisfalls, des gigantischen Eisabbruchs, über den man in das Western CWM gelangt.
Mittlerweile plante das Everestkomitee in London einen neuen Besteigungsversuch für das Jahr 1951 und ernannte Shipton zum Expeditionsleiter. Aber auch diesem Versuch ging eine heimliche Unternehmung voraus. Verantwortlich für diese Tour im Frühjahr 1951 war Klavs Becker Larsen, ein junger Däne ohne Gebirgserfahrung. Mit vier Sherpas durchquerte er Nepal und kam am 4. April in Namche Bazar an, von wo aus er Lho-La, den Übergang vom Khumbutal in das Rongbuktal in Tibet, entdeckte. Mit Hilfe von 12 zusätzlichen Sherpas versuchte Larsen den Sattel zu überschreiten, aber die schwierig zu überwindenden Gletscherbrüche zwangen die Gruppe zum Umkehren. Larsen gab jedoch noch nicht auf: Er ging wieder nach Namche Bazar und wanderte von dort aus nach Nanga La, einem westlich des Cho Oyu liegenden Sattel, der auf der traditionellen Handelsroute zwischen Nepal und Tibet lag. Am 30. April erreichte die Gruppe trotz schlechtester Wetterbedingungen Tibet; ihr nächstes Ziel sollte Kyetrak sein. Von dort aus konnten die Forscher unkontrolliert und ungestört zum Lamna La weitergehen und nach Chobuk im unteren Teil des Rongbuktales absteigen. Die Route war nicht neu, Händler hatten sie seit undenklichen Zeiten bereist, aber noch kein Europäer war sie gegangen. Am 3. Mai erreichte die Gruppe das Rongbuk-Kloster und ging von dort die Route der Vorkriegsexpeditionen weiter. Innerhalb von drei Tagen erreichten sie Camp III. Nach einer kurzen Erholungspause brachen sie am 9. Mai in Richtung Nordsattel auf. Aber wieder einmal verhinderte starker Wind eine erfolgreiche Besteigung. Als sie wieder in Rongbuk waren, erfuhren

73 oben *Nach dem Zweiten Weltkrieg erschienen in erster Linie Fotografien von der nepalesischen Seite des Everest mit dem Khumbutal, das zu diesem Zeitpunkt im Vordergrund des Interesses der Bergsteiger stand.*

73 unten *Im Frühjahr 1951 gab es einen weiteren heimlichen Besteigungsversuch von der tibetanischen Seite, dieses Mal von dem Dänen Larson. Unterhalb des Nordsattels musste er jedoch aufgeben.*

74 oben *Im Herbst 1951 führte eine britische Expedition eine Erkundung bis zum Khumbugletscher durch. Zum Team gehörten, von links nach rechts stehend: Shipton, Murray, Bourdillon und Riddiford; sitzend: Ward und Hillary.*

74 Mitte *Die Teilnehmer der Expedition von 1951 kamen als Erste über den Khumbugletscher, einem äußerst fragwürdigen Gebiet, insbesondere am tückischen Eisfall, der diesen Anstieg so schwierig und gefährlich macht.*

sie, dass ein chinesischer Beamter Untersuchungen über den Aufenthalt von Fremden auf tibetanischem Territorium anstellte. Da sie eine Verhaftung vermeiden wollten, machten sie sich sofort auf den Rückweg nach Namche Bazar. Währenddessen schritten die Vorbereitungen für die britische Herbstexpedition voran. Zu den Expeditionsmitgliedern zählten Shipton als Expeditionsleiter, Michael Phelps Ward, Thomas Duncan Bourdillon, William Hutchison Murray, Doctor Dutt vom Geological Survey of India und zwei erfahrene neuseeländische Bergsteiger, Edmund Hillary und H.E. Riddiford.

Wie Houstons Expedition im vorangegangenen Jahr brach die Gruppe in Süd-Ost-Nepal auf. Aber sie waren zu früh im Jahr angereist. Während der ersten Etappe waren sie dem Monsunregen ausgesetzt. Glücklicherweise besserte sich jedoch das Wetter im Dudh-Kosi-Tal und so erreichte die Expedition am 22. September Namche Bazar. Drei Tage später setzten sie ihren Weg fort, vorbei an Thyangboche, Pheriche, Lobuje und dem Khumbugletscher, bis sie den kleinen See Gorak Shep erreichten, an dem sie ihr Basislager errichteten.

Ende September begannen Riddiford, Ward und Bourdillon den Eisfall zu erforschen, während Shipton und Hillary den Pumori bestiegen, um die höchsten Stellen der Aufstiegsroute aus einer guten Perspektive einsehen zu können. Sie hatten vor, den Eisfall entlang des Western CWM zu erklimmen, um in den Südsattel zu gelangen und anschließend über den Südostgrat den Everest zu besteigen. Der Unterschied zur Aufstiegsroute von tibetanischer Seite lag auf der Hand: Die Hauptschwierigkeiten auf der Südseite lagen vor allem im unteren Teil. Die ersten 600 Höhenmeter waren ein unglaubliches Chaos aus riesigen Eisblöcken und -türmen. Der Khumbueisfall ist permanent in Bewegung, ständig tun sich Schluchten auf, stürzen Türme ein. Am 30. September, während des ersten Besteigungsversuches, wurden die Gefahren deutlich, insbesondere als es galt, große Lasten hinaufzutransportieren. Am 4. Oktober versuchten Shipton, Bourdillon, Hillary, Riddiford und drei Sherpas eine Route durch die Séracs zu eröffnen. Sie brachen von einem kleinen Lager am Fuß des großen Eisfalls auf. Um 16 Uhr konnten sie das Western CWM sehen; da es aber schon spät war und große Schneemassen ein zügiges Weiterkommen im oberen Bereich verhinderten, beschlossen sie umzukehren. In den folgenden Tagen erkundeten die Bergsteiger die umliegenden

Berge. Drei Wochen später bestiegen Shipton und seine Gefährten wieder den Pumorigrat, um eine Vorstellung von den Bedingungen im Western CWM und im Südsattel zu erhalten. Am 28. Oktober gingen alle Bergsteiger und drei Sherpas durch den Eisfall und gelangten in das Western CWM. Dort versperrten zwei riesige Abbrüche den Weiterweg in das Gletscherbecken; sie zu überwinden hätte viel Zeit erfordert und so entschloss sich Shipton zum Rückzug.

Ihre Rückkehr nach Großbritannien wurde mit Enthusiasmus gefeiert. Die *Times* veröffentlichte eine 16-seitige Beilage, in der Fotografien, Landkarten und Shiptons Tagebuch auszugsweise vorgestellt wurden. Kurzum es war ein Everestfieber ausgebrochen, das Komitee plante bereits die nächste Expedition für das Jahr 1952. Aber die Briten mussten auch Rückschläge in Kauf nehmen: Die Schweiz hatte die Erlaubnis von der nepalesischen Regierung erhalten, eine Besteigung von Nepal aus durchzuführen. Die Briten versuchten darauf hin mit den Schweizern zu verhandeln, aber der Vorschlag einer Gemeinschaftsexpedition wurde abgelehnt. Man einigte sich jedoch darauf,

75 oben *1952 erhielt eine Schweizer Expedition den Vorzug vor einer britischen. Letzteren wurde jedoch eine Überschreitung des Cho Oyu angeboten. Die von Eric Shipton geleitete Expedition erreichte während dieser Unternehmung eine Höhe von 8650 m.*

75 Mitte *Nachdem die Besteigung des Cho Oyu gescheitert war, teilte sich die britische Expedition in zwei Gruppen. Hillary (Bild) gelang hierbei die erste Überschreitung des Nup-La über den riesigen Gyubanareisfall; danach stieg er über den Ost-Rongbukgletscher ab.*

74 unten *Ein Weiterkommen in den Séracs des Khumbugletschers war heikel, die Route schwer zu finden. Die Bergsteiger mussten ihren Weg durch ein weißes Labyrinth, durch instabile Blöcke und Türme finden, die sich mit dem Gletscherfluss verschoben.*

dass die Schweiz eine Expedition im Frühling, Großbritannien eine im Herbst durchführen sollte. Aber auch dies schlug fehl, denn die nepalesische Regierung hatte sich entschlossen, nur den Schweizern eine Erlaubnis für eine Expedition im Frühjahr und Herbst, vor und nach dem Monsunregen, zu geben. Den Briten wurde eine Erlaubnis zur Besteigung des Cho Oyu erteilt. Shipton reiste trotzdem nach Zürich und überreichte den Schweizern die Fotos, die während der letzten Expedition gemacht worden waren. Die

75 unten *Der britische Fotograf und Dozent Alfred Gregory gehörte zu den Mitgliedern der Shiptonexpedition zum Cho Oyu. Auch 1953 war er einer der Teilnehmer der triumphalen Everestexpedition.*

76 oben links
1952 erkundete die Schweizer Expedition die nepalesische Seite des Everest. Auf dem Bild ist Camp IV auf dem Western CWM zu sehen.

76 oben rechts
E. Wyss-Dunant, Leiter der Schweizer Expedition im Frühjahr 1952. Er hatte viele hervorragende Bergsteiger und Sherpas verpflichtet, unter denen auch Tenzing Norgay war.

Schweizer Expedition leitete E. Wyss-Dunant, ihre Mitglieder waren bekannte Alpinisten wie René Dittert, Jean Jacques Asper, René Aubert, Gabriel Chevalley, Léon Flory, Ernst Hofstetter, Raymond Lambert und André Roch; dazu kamen drei Wissenschaftler, ein Geologe, ein Botaniker und ein Ethnologe. Die Gruppe der Sherpas leitete Tenzing Norgay.
Die Expedition erreichte das Basislager bei Gorak Shep (5050 m) am 20. April, nachdem sie auf einer in weiten Teilen neuen Route von Kathmandu gekommen waren. Die Arbeit der folgenden Tage bestand darin, weitere Lager zu errichten: das erste auf 5250 m am Fuß des Eisfalls und das zweite in der Mitte der Séracs. Am 30. April erreichten die Bergsteiger den riesigen Eisbruch, indem sie sich links unter die steilen Hänge des Westgrates des Everest wandten und eine von Eisbalkonen bedrohte Passage entlanggingen. Etwas weiter oben, am Eingang zum Western CWM versperrte eine riesige Gletscherspalte den Weg. Sie waren gezwungen, schnell nach einer Lösung zu suchen. Am nächsten Tag installierten die Bergsteiger eine Brücke aus vier Seilen, um die Träger sicher über die Spalte zu bringen. Am 6. Mai wurde Camp II am Eingang zum Western CWM eingerichtet. Es stellte sich jedoch heraus, dass der Weg in den Südsattel von dort aus länger war als sie geahnt hatten und so richteten sie noch ein viertes und fünftes Camp ein, letzteres am Beginn des

Aufstiegs zum Südsattel. Am 15. Mai attackierten Lambert, Norgay, Dittert und Roch den Genfer Sporn, wobei sie stark von der Sauerstoffausrüstung behindert wurden, die zudem schlecht arbeitete. Nach zwei weiteren Versuchen erreichten Chevalley, Asper und ein Sherpa schließlich am 19. Mai den Südsattel. Gleich danach wurde die Route mit Fixseilen gesichert.
Am 26. Mai errichteten Lambert, Flory, Aubert und Norgay nach einem harten Biwak Lager VII, ein einzelnes Zelt auf 8400 m. Lambert und Norgay verbrachten die Nacht dort und brachen am nächsten Morgen zum Gipfel auf. Aber sie waren zu langsam, da auch die Sauerstoffgeräte schlecht arbeiteten. Sie erreichten mit 8600 m einen neuen Höhenrekord, mussten jedoch wieder umkehren. Dittert, Asper, Chevalley, Hofstetter, Roch und fünf Sherpas wollten einen zweiten Versuch wagen, wurden jedoch von Schneestürmen im Südsattel zurückgeworfen.

76 Mitte *Die große Gletscherspalte auf 5900 m, die den Zustieg zum Western CWM versperrt, musste von den Schweizer Bergsteigern mit akrobatischen Seilmanövern überwunden werden.*

76 unten *Die Aufstiegsroute der Schweizer im Western CWM führte teilweise am Fuß der Lhotsewand entlang, bevor sie zum Genfer Sporn führte.*

77 oben *Sobald man einiges an Höhe an den Hängen des Everest gewonnen hat, eröffnet sich ein wunderbares Panorama über das Himalayagebiet. Hat man die Wolkendecke überwunden, kann man die höchsten Gipfel wie Makalu und Chomo Lönzo erblicken (hier im Bild).*

77 unten *Die Bergsteigerkarriere von Tenzing Norgay begann in den 30er Jahren. 1950 kletterte er im Karakorum; 1951 bezwang er den Gipfel des Nanda Devi; 1952 wurde er für die Expeditionen der Schweizer verpflichtet; 1953 begleitete er Hillary bei der Erstbesteigung des Everest.*

Im Herbst machte sich eine zweite, von Lambert geleitete Expedition auf den Weg. Expeditionsmitglieder waren Gabriel Chevalley, Jean Busio, Gustave Gross, Ernest Reiss, Arthur Spöhel und der Amerikaner Norman G. Dyhrenfurth. Die Gruppe hatte gute Chancen, den Gipfel zu erreichen. Aber vieles lief schief: das Wetter, die gesundheitliche Verfassung einiger Bergsteiger und letztendlich vor allem der Zeitdruck.

Am 31. August kamen vier Seilschaften während des Aufstiegs zum „Eperon des Genevois" in Eisschlag. Dabei wurde ein 25-jähriger Sherpa schwer verletzt und starb wenige Tage später trotz Chevalleys ärztlicher Bemühungen.

Ein fünftes und sechstes Lager wurden auf dem Lhotsegletscher errichtet. Am 19. November bezogen Lambert, Reiss, Norgay und sieben Sherpas ihre Zelte am Südsattel. Nach einer eisigen Nacht wurde die Besteigung des Grates wegen Kälte und starker Windböen ab gebrochen. Die Expedition musste als gescheitert betrachtet werden.

Während die Schweizer an den Hängen des Everest aktiv waren, wurden in Großbritannien intensive Vorbereitungen für einen weiteren Versuch getroffen. Das erste Problem des Londoner Komitees lag darin, erfahrene Bergsteiger zu finden. Dies war kein unbedeutendes Problem, da sich der britische Alpinismus in einer Übergangsphase befand. Die erfahrene „Garde" der Himalayabergsteiger war mittlerweile zu alt und die Jungen hatten noch nie etwas anderes als die heimatlichen Felsen gesehen, obwohl alle fähige Alpinisten waren. Die Cho-Oyu-Expedition von 1952 ermöglichte es, einige Bergsteiger für diese Unternehmung auszuwählen. Das Ergebnis war dennoch nicht befriedigend. Dieses Mal durfte den Briten kein Fehler unterlaufen. Vor allem, da im Juni 1953 die Krönung von Königin Elizabeth stattfinden würde; die Bezwin-

DIE ERSTBESTEIGUNG

78 oben *Der Neuseeländer Edmund Hillary gehörte zu den fähigsten Bergsteigern der Huntexpedition im Jahr 1953. Während der Besteigung bildete er eine perfekte Seilschaft mit Tenzing Norgay, mit dem er in bemerkenswertem Tempo zwischen den Hochlagern auf- und abstieg.*

78 Mitte *John Hunt war Offizier und Leiter der Expedition von 1953. Er hatte bereits Himalayaerfahrung und gute logistische Fähigkeiten.*

78 unten *Gruppenfoto der Expeditionsteilnehmer von 1953 mit allen Sherpas.*

79 oben links *Der Neuseeländer George Lowe, langjähriger Bergsteigerkamerad von Edmund Hillary, spielte eine entscheidende Rolle bei der Erstbesteigung des Everest im Frühjahr 1953.*

79 unten links *Kameramann Tom Stobart während der Panoramaaufnahmen. Er war verantwortlich für die Dokumentation der bedeutenden alpinistischen Leistung, die dieser Expedition gelang.*

gung des Everest würde diesem Ereignis einen besonderen Glanz verleihen. Die Wahl des Expeditionsleiters schien sicher: Eric Shipton. Organisationsleiter an seiner Seite sollte Oberst John Hunt, ein erfahrener Bergsteiger, sein. Aber die Aussicht auf eine gemeinsame Leitung missfiel Shipton, der sich daraufhin verbittert zurückzog.
Hunt war ein exzellenter Organisator und ging in den ersten Oktobertagen an die Arbeit. Sein Führungsstil war stark regulativ, sehr rigoros, präzise und von großem Verantwortungsbewusstsein geprägt, das genaue Gegenteil von Shiptons freier, unabhängiger Einstellung. In jedem Fall schien Hunt in allen Belangen der ihm übertragenen Aufgabe gewachsen zu sein: Er hatte sehr klare Vorstellungen und sein Plan stieß auf keinerlei Schwierigkeiten. Er wusste, dass er erfolgreich sein musste und plante daher jedes Detail, von der Kletterausrüstung bis hin zur Sauerstoffversorgung, die im obersten Bereich des Everest eingesetzt werden sollte. Als Alternative plante er für den Fall, dass die Schweizer bereits erfolgreich sein sollten, eine andere Besteigung: den Kangchenjunga.
Schließlich standen die Expeditionsteilnehmer fest: Charles Evans, 31, stellvertretender Verantwortlicher der Expedition und ein exzellenter Himalayabergsteiger; Alfred Gregory, 31, einer der Besten im Cho-Oyu-Team; Tom Bourdillon, 28, mit Hochalpinerfahrung, bestens vertraut mit der Sauerstoffausrüstung; Michael Ward, Bergsteiger und Expeditionsarzt; zwei exzellente neuseeländische Bergsteiger: George Lowe, 28, und Edmund Hillary, 33; Mike Westmacott, 27, ehemaliger Präsident des Oxford University Mountaineering Club; George Band, 23, der die gleiche Aufgabe an der Cambridge Universität wahrnahm; Wilfrid Noyce, 34, ein bekannter Bergsteiger und der Offizier Charles Wylie.

79 rechts *Die britische Everest Expedition errichtete neun Hochlager entlang ihrer Route, die über den Khumbueisfall und das Western CWM in den Südsattel und von dort über den Südostgrat auf den Gipfel führte.*

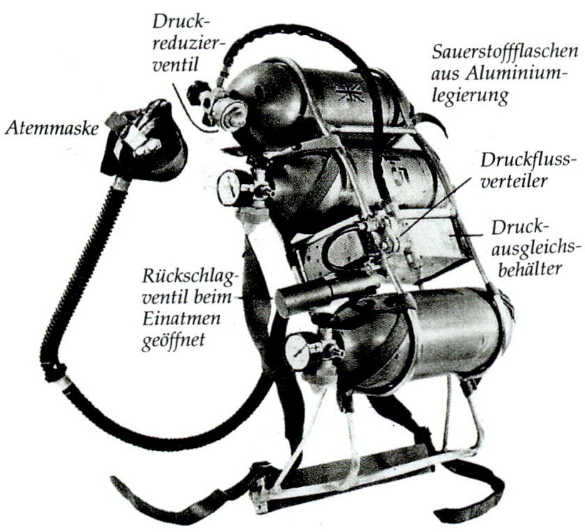

Offener Kreislauf
Gewicht bei drei Flaschen 18,6 kg,
bei einer Flasche 8,2 kg

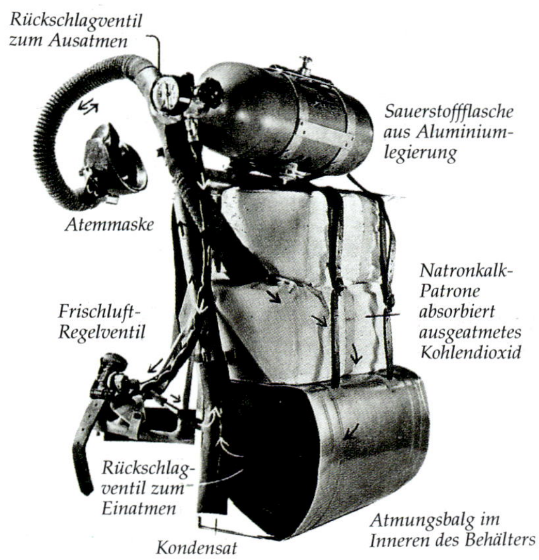

Geschlossener Kreislauf
Gewicht bei einem Zylinder 15,9 kg,
bei zwei Zylindern 21,3 kg

Zum weiteren Expeditionsteam gehörten der Physiologe L.G.C. Pugh, der Kameramann Tom Stobart und der Journalist James Morris, ein spezieller Korrespondent der *Times*.
Am 8. März 1953 erreichte die Expedition Kathmandu, wo die Sherpas unter Leitung von Tenzing Norgay bereits warteten. Zwei Tage später wollte man aufbrechen.
Nach zwei Wochen hatte die Karawane Thyangboche erreicht. Nach einer kurzen Pause setzte sie ihren Marsch in das Lager bei Gorak Shep fort, am Fuß des Kala Pattar. Der Eisfall lag allerdings noch in großer Entfernung und so errichteten sie ein weiteres Camp am Khumbugletscher.
Die erste Erkundungstour wurde sofort unternommen. Das zweite Lager wurde auf einem Band auf halbem Weg durch den Eisbruch errichtet; das dritte am 22. April auf 6150 m am Beginn des Western CWM. In den folgenden Tagen wurden im Western CWM noch drei weitere Lager eingerichtet auf 6460, 6700 und 7000 m (letzteres am Fuß des Lhotse). Die Versorgung der Camps ging schnell und ohne Verzögerungen voran. Lebensmittel, Sauerstoffflaschen und Ausrüstung wurden vor den Zelten gestapelt. Die zwei verschiedenen Arten von Sauerstoffgeräten (geschlossener und offener Kreislauf) wurden ausprobiert. Die Bergsteiger begannen langsam, sich zu akklimatisieren. Die Seilschaft Hillary-Norgay war schon von Anfang an sehr gut in Form. Sie harmonierten hervorragend, was Ausdauer und technische Fähigkeiten anbetraf, und konnten Auf- und Abstiege in kurzer Zeit erledigen. Mittlerweile war auch das Basislager von Gorak Shep weiter nach oben auf den Khumbugletscher verlegt worden, Camp IV wurde zum vorgeschobenen Operationslager. Am 7. Mai rief Hunt die Bergsteiger zusammen und erläuterte ihnen den Plan für die Besteigung des Gipfels. Es sollten zwei aufeinander folgende Versuche durchgeführt werden, bei denen es Pflicht war, oberhalb von Camp V künstlichen Sauerstoff zu verwenden. Bourdillon und Evans sollten die Route zum Südgipfel – unter Verwendung von Geräten mit geschlossenem Kreislauf – eröffnen und dann versuchen, auch den Hauptgipfel zu besteigen. Gleichzeitig sollten Hunt, Gregory und fünf Sherpas ein Camp auf 8500 m errichten. Am nächsten Tag sollten Hillary und Norgay unter Ver-

80 oben *Während der Expedition standen den Bergsteigern 12 Sauerstoffausrüstungen mit offenem Kreislauf und acht mit geschlossenem zur Verfügung. Jedes Gerät umfasste drei Gasflaschen aus korrosionsbeständiger Aluminiumlegierung, die insgesamt 800 Normliter Sauerstoff beinhalteten.*

80 unten *Der Sherpa Tenzing Norgay bereitet sich auf den Abstieg vor.*

wendung von Geräten mit offenem Kreislauf zu diesem Zelt aufsteigen, nach einer Nacht in dieser Höhe zum Gipfel vordringen und dann wieder den Südsattel erreichen.
Nach dieser Lagebesprechung begannen sie mit dem Aufstieg. Sie verwarfen jedoch die Idee dem Genfer Sporn zu folgen und setzten ihren Weg über eine weniger direkte Linie entlang des Lhotsegletschers fort, um dann durch eine lange Traverse den Südsattel zu erreichen. Die Aufgabe, die Route zu eröffnen, fiel auf George Lowe. Am 16. Mai installierten Lowe und Wilf Noyce Camp VI auf 7300 m. Danach nahm Ward Noyces Platz ein. Heftige Winde und große Kälte ließen die Operationen immer langsamer werden. Hunts Plan drohte fehlzuschlagen. Deshalb wurde Noyce mit einigen Sherpas am 20. Mai nochmals losgeschickt, um in Lager VII hinaufzusteigen; er hatte den Auftrag, den Südsattel unter allen Umständen zu erreichen. In den folgenden Tagen führten Noyce und die Sherpas diese Aufgaben durch. Daraufhin installierten Hillary, Wylie, Norgay und eine Gruppe Sherpas am 22. Mai Camp VIII auf dem Sattel. Hillary und Norgay vollbrachten unglaubliche Leistungen – sie waren in Topform. In weniger als 30 Stunden stiegen sie von Camp IV in Camp IX auf, um dann zum Etappenziel zurückzusteigen.
Am 26. Mai begann die letzte Etappe. Hunt, Da Namgyal und Ang Temba brachen mit ihren Lasten zum Südgrat auf. Aber Ang Temba fühlte sich nicht wohl und so mussten die anderen seinen Lastenteil mit übernehmen, was unglaublich erschöpfend war. Bourdillon und Evans kamen eine Stunde später an den Grat. Da sie weniger Gepäck zu tragen hatten, überholten sie ihre Gefährten bald und gingen zügig voran, bis Evans Probleme bekam. Sein Atemgerät mit geschlossenem Sauerstoffkreislauf arbeitete schlecht.
Währenddessen kamen Da Namgyal und Hunt mit ihren schweren Lasten nur schleppend voran; Hunt hatte zudem noch Probleme mit seinem Sauerstoffgerät. Sie konnten noch etwas an Höhe gewinnen, sahen sich jedoch gezwungen kurz oberhalb des Zeltes, das Lambert und Norgay im Jahr zuvor errichtet hatten, Halt zu machen. Weiter oben ging es wieder besser. Evans Sauerstoffgerät funktionierte besser, sodass die beiden Bergsteiger zügig vorankamen. Um 11 Uhr erreichten sie den schneebedeckten Sattel, auf dem Hunt Lager IX hatte errichten wollen.

81 oben *Von Camp VII aus: der letzte Aufschwung in den Südsattel. Der Südgipfel des Everest erhebt sich mächtig in der Distanz. Der Hauptgipfel ist noch 80 m höher.*

81 Mitte *In Bezug auf Material und Ausrüstung hatte Hunt nichts dem Zufall überlassen. Pickel, Steigeisen, Zelte, Seile, Schuhe und Kleidung waren sorgfältig ausgewählt und getestet worden, bevor sie gekauft und den Bergsteigern ausgehändigt wurden.*

81 unten *Nahrungsmittel und Ausrüstung für Bergsteiger und Sherpas mussten ins Basislager transportiert werden. 1953 brauchte man so viele Träger für den Transport, dass zwei Karawanen organisiert werden mussten.*

Sie gelangten zum Fuß des Südgipfels des Everest und stiegen zunächst über die Ostflanke des Grates auf. Dann ging Bourdillon über eine Felsrippe mit guten Griffen weiter. Evans hatte jetzt wieder Probleme mit seinem Sauerstoffgerät. Die beiden überwanden noch eine Zickzack-Kletterei auf den Gipfelkegel, gingen ein Stück durch tiefen Schnee und standen schließlich um 13 Uhr auf dem Südgipfel des Everest: 8670 m – ein neuer Rekord. Kein Mensch war bisher in diese Höhe vorgedrungen. Was sollten sie jetzt tun? Nach einer kurzen Beratung beschlossen sie abzusteigen; der Abstieg entwickelte sich aber schon bald zu einem Alptraum. Evans konnte kaum mehr atmen, Bourdillon tat sein Bestes, um den Apparat wieder in Gang zu bringen, aber jetzt machte sich die Anstrengung bemerkbar. Die beiden erreichten das Lager im Südsattel völlig erschöpft. Am nächsten Tag konnten Hillary und Norgay nicht aufbrechen, da der Wind zu stark wehte. Evans, Bourdillon und Temba machten sich, alle in schlechter gesundheitlicher Verfassung, auf den Weg in Camp VII. Aber sie kamen nicht weit: Kurz hinter den Zelten brach Bourdillon zusammen. Er konnte mit Sauerstoff wiederbelebt werden, es war jedoch klar, dass er ohne die Hilfe eines Gefährten, der noch bei Kräften war, nicht hinuntergelangen würde. Hunt wies Lowe diese Aufgabe zu. Dadurch war jedoch ein neues Problem entstanden, denn der Neuseeländer war für die Erstbesteigung eingeplant gewesen. Hunt überdachte die Situation noch einmal und entschloss sich Bourdillon, Evans und Temba selbst nach unten zu begleiten.

Am Morgen des 28. Mai begann der letzte Gipfelanstieg. Lowe, Gregory und Ang Nyima brachen schwer beladen mit Nahrung und Ausrüstung auf. Später stiegen auch Hillary und Norgay in ihren Fußspuren den Grat hinauf. Die zwei Gruppen trafen in der Nähe des alten Schweizer Zeltes aufeinander und gingen gemeinsam bis an die Stelle weiter, an der Hunt und Da Namgyal Material deponiert hatten. Die Gruppe verteilte die Lasten untereinander – 25 kg für jeden und 5 kg mehr für Hillary – und nahm dann den Aufstieg in Angriff. Auf 8500 m hielt die Gruppe an. Es war 14.30 Uhr. Lowe, Gregory und die Sherpas stiegen wieder ab; Hillary und Norgay bereiteten sich auf die Nacht vor. Der Hang, an dem sie das Zelt errichteten, war nicht ideal, aber sie hatten keine andere Wahl. Nachdem sie gegessen und große Mengen getrunken hatten, um eine Dehydrierung zu vermeiden, öffnete Hillary eines der Sauerstoffventile. Um 3 Uhr war der Sauerstoff jedoch verbraucht, was aber kein Problem war, da sie ohnehin etwas trinken mussten, was in großen Höhen lebensnotwendig ist; danach bereiteten sie das Frühstück vor. Um 6.30 Uhr waren Hillary und Norgay zum Aufbruch bereit. Mit Handschuhen, Daunenanoraks, Windjacken, Stiefeln, Sauerstoffmasken und Zylindern sahen sie aus wie Karikaturen von Außerirdischen ...

Der erste Teil des Aufstiegs war harte Arbeit, da der harsche Schnee ständig unter dem Gewicht der Bergsteiger brach und sie bis zu den Knien einsinken ließ. Weiter oben fanden Hillary und Norgay die Sauerstoffflaschen, die Evans und Bourdillon zurückgelassen hatten. Glücklicherweise waren sie

82 links *Hillary und Norgay während einer Pause in Camp IV. Sie mussten literweise Tee trinken, um sich von dem anstrengenden Anstieg zu regenerieren und ihrem Körper Flüssigkeit zuzuführen.*

82-83 *Wilfred Noyce überquert, durch ein Seil gesichert, vorsichtig eine Metallleiter, die über eine große Gletscherspalte im Western CWM gelegt worden war.*

82 unten *Hillary und Norgay überprüfen ihre Ausrüstung, bevor sie sich am 29. Mai auf den Weg zum Gipfel machen.*

83 oben *Der Sherpa Tenzing Norgay war Seilerster beim Aufstieg über den steilen Eishang der Lhotsewand auf dem Weg in Camp VIII am Südsattel.*

83 unten *Die entscheidende Phase der britischen Expedition im Jahr 1953: Hillary und Norgay machen sich auf den Weg zum Gipfel des Everest.*

nicht vollkommen leer und konnten ihnen eventuell während ihres Abstiegs nützen. Am Fuß des Südgipfels entschied sich Hillary direkt entlang des Hangs aufzusteigen. Der Schnee war instabil, doch er stieg, gefolgt von Norgay, trotzdem weiter. Um 9 Uhr standen die beiden auf dem Südgipfel. Anschließend gingen sie entlang des Gipfelgrates weiter, an dem sich riesige, nach Osten gerichtete Wächten gebildet hatten; es wäre riskant gewesen, dieser Linie zu folgen; aus Sicherheitsgründen gingen sie deshalb auf der westlichen Seite. Glücklicherweise hielt der Schnee und so erreichten sie den Fuß eines Felspfeilers (heute „Hillary Step" genannt). Hillary querte diesen in Kamintechnik links, indem er den Spalt zwischen Fels und der heiklen Eiswächte nutzte. Norgay folgte ihm. Weiter oben nahm die Steigung des Grates ab, sie kamen etwas leichter vorwärts und konnten Seite an Seite aufsteigen. Ein Eisbuckel, noch einer und noch einer. Schließlich erreichten sie die Schneekuppel des Gipfels, alles neigte sich nach unten ... Leere.
Es war der 29. Mai 11.30 Uhr. Auf einer Seite konnten sie den Ost-Rongbukgletscher erkennen; weit weg, einige tausend Meter unter ihnen hoben sich die Farben der Tibetanischen Hochebene fast wie bei einer Fata Morgana gegen die weiße Schnee- und Eiswelt ab. Wenige Minuten später schaute sich Hillary den Nordgrat an und gedachte Mallory und Irvine. Norgay kauerte sich währenddessen in den Schnee und bereitete Opfergaben für die Götter des Chomolungma vor. Sie aßen ein paar Biskuits, dann war es jedoch schon an der Zeit abzusteigen: Ihr begrenzter Sauerstoffvorrat erforderte es, dass sie sich an ihren strengen Zeitrahmen hielten.

Eine Stunde später waren Hillary und Norgay bereits wieder auf dem Südgipfel. Weiter unten luden sie sich die Zylinder von Evans und Bourdillon auf. In Camp IX wechselten sie die Sauerstoffflaschen, packten ihre persönlichen Sachen zusammen und begaben sich auf den weiteren Abstieg. In der Nähe des Südsattels kam ihnen Lowe mit warmer Suppe und neuen Sauerstoffflaschen entgegen. Auf seinen fragenden Blick hin rief Hillary: „Wir haben den Bastard erledigt!"

84 oben links *Hillary und Norgay am Gipfelaufschwung. Mit Fäustlingen, Daunenjacken und Sauerstoffmasken sehen sie aus wie von einem anderen Planeten.*

84 oben rechts *Hillary in der letzten Phase des Aufstiegs über den Südostgrat. Um 9 Uhr standen er und Norgay auf dem Südgipfel des Everest, zweieinhalb Stunden später auf dem Hauptgipfel.*

84 unten *Hillary und Norgay beim Aufbruch vom Südsattel. An diesem Tag errichteten sie Camp IX unterhalb des Südgipfels des Everest, die letzte Station vor ihrem Versuch, den Gipfel des Everest zu bezwingen.*

85 oben links *Hillary und Norgay am gemeinsamen Seil, mit Sauerstoffausrüstung auf dem Weg zum Südostgrat. Hinter ihnen liegt die Lhotsewand.*

In Lager IV wartete der Rest der Expedition gespannt auf sie. Sie hatten wegen Nebels das vereinbarte Signal vom Südsattel aus nicht erkennen können. Unter den Wartenden waren auch Jim Morris, der Korrespondent der *Times,* und der Kameramann Tom Stobart. Sie berichteten der ganzen Welt vom Ausgang dieses Besteigungsversuchs. Euphorie kam auf, als Hillary und Norgay im Lager ankamen. Morris hing an Hillarys Lippen, interviewte ihn und schrieb alles auf; er war der Erste, der mit Westmacott abstieg. Im Basislager angekommen sandte er einen Sherpa mit einem verschlüsselten Code nach Namche Bazar. Er hatte diese Vorgehensweise gewählt, weil Korrespondenten rivalisierender Zeitungen auf neue Informationen lauerten.
Der Radiosprecher von Namche Bazar übermittelte das Signal an den Botschafter in Kathmandu, der daraufhin sofort die *Times* informierte. Der Nachrichtenstab der *Times* entschlüsselte die Botschaft und brachte sie am Morgen des 2. Juni, dem Tag der Krönung von Königin Elizabeth, als exklusive Schlagzeile heraus. Weitere Artikel wurden in den folgenden Tagen veröffentlicht. Einen Monat später gab die *Times* eine 32-seitige Beilage unter dem Titel „Die first ascent of Mount Everest" („Die Erstbesteigung des Mount Everest") heraus.

85 oben rechts *Charles Evans, zweiter Verantwortlicher der Everestexpedition erreichte den 8765 m hohen Südgipfel des Everest. Er setzte dabei ein Sauerstoffgerät mit geschlossenem Kreislauf ein.*

85 unten *Tenzing Norgay am Gipfel des Everest. Es war der 29. Mai 1953 um 11.30 Uhr, ein historischer Tag für das Himalayabergsteigen. Nach einer kurzen Rast war es jedoch wieder Zeit abzusteigen, da die Sauerstoffvorräte limitiert waren.*

Es geht weiter ...

Hillarys und Norgays Besteigung schloss ein wichtiges Kapitel der Besteigungsgeschichte des Everest, bedeutete jedoch nicht das Ende der Entwicklung des Bergsteigens.
Eine Erstbesteigung löst häufig eine ganze Reihe von weiteren Besteigungen und Besteigungsversuchen aus, was auch im Himalaya der Fall war.
So war auch der zeitliche Abstand, der zwischen der ersten und der zweiten Besteigung lag, kürzer als man erwartet hatte; es waren nur drei Jahre. Interessanterweise gelang einer Schweizer Expedition unter Leitung von Albert Eggler die zweite Besteigung, obwohl viele andere ehrgeizig zum Chomolungma blickten. Die zweite Besteigung war ebenfalls bedeutsam, da die Bergsteiger nicht nur den Everest bezwangen, sondern auch erstmals den Gipfel des Lhotse erreichten.
Zwei Jahre später gab es auch wieder Besteigungsaktivitäten auf der Nordseite. Es war jedoch nicht klar auszumachen, was sich dort abspielte. Nach dem Einmarsch chinesischer Truppen in Tibet im Jahr 1950 wurde alles, was sich hinter dem eisernen Vorhang der Himalayakette verbarg, streng geheim gehalten. 1958 gab es eine chinesisch-sowjetische Erkundungsunternehmung an der Nordwand des Everest. Zwei Jahre später sollen die Chinesen den Gipfel erklommen haben. Die Angaben, die die Europäer von dieser Expedition erhielten, waren jedoch so spärlich, dass man keine genauen Schlüsse daraus ziehen konnte. Offizielle Seiten teilten mit, dass eine sehr große Expedition unter Leitung von Shih Chan-chun stattgefunden habe. Die Informationen der Chinesen waren jedoch so verworren, dass man keine Aussagen über die genaue Route treffen konnte. Die Höhenangaben der ersten Lager auf dem Ost-Rongbukgletscher stimmten jedoch mit denen der britischen Vorkriegsversuche überein. Die Aufstiegszeiten muteten trotz allem merkwürdig an. Es gab Parteislogans an Stelle von Plänen, Steilheitsgraden und Höhenangaben, politische Propaganda an Stelle von technischen Details. Es ist eine Tatsache, dass während der Kulturrevolution Aufstiegsberichte manchmal seltsame Formen annahmen. Mitten in diesen verwirrenden Berichten tauchten auch die

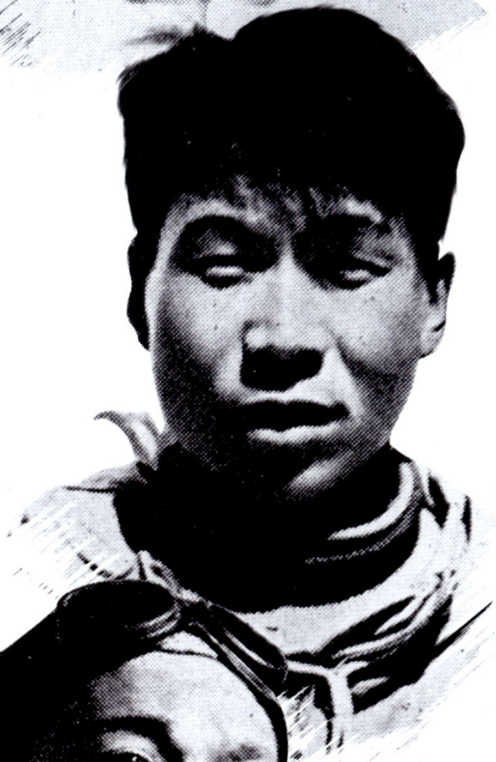

86 unten links *Die chinesische Seilschaft, die im Mai 1960 den Everest bezwungen haben soll. Die Seilschaft im Bild steigt gerade über den mit Fixseilen und Fahnenstangen gesicherten Gletscher auf. Diese große Expedition konnte auf viele Träger zurückgreifen, die die Hochlager versorgten.*

86 oben links *Shih Chan-chun, Leiter der chinesischen Expedition, die über den Nord- und Nordostgrat aufgestiegen war.*

86 oben rechts *Nach offiziellen Angaben führte der Tibetaner Gonpa die Seilschaft, die nachts den Gipfel des Everest erreichte.*

86 Mitte Der Chinese Wang Fu-chou erreichte mit seinem Seilgefährten (mit Hilfe von künstlichem Sauerstoff) am 25. Mai um 4.30 Uhr nach 19-stündigem Aufstieg den Gipfel des Everest.

86 unten rechts *Als Letzter erreichte Chu Yin-hua den Gipfel des Everest. Seine Rolle während der Besteigung geht aus den Berichten jedoch nicht eindeutig hervor.*

87 oben *Bergsteiger am Rongbukgletscher. Die ersten Lager unterhalb des Nordsattels wurden auf gleicher Höhe errichtet wie vor dem Zweiten Weltkrieg. Die Aufstiegszeiten sind jedoch äußerst ungenau.*

87 unten *Eine Seilschaft während einer Pause beim Aufstieg über die Nordwand. Nach chinesischen Informationen wurde auf 7200 m ein Camp errichtet. Über den Aufstieg bis auf 8500 m, wo ein weiteres Hochlager errichtet wurde, ist nur sehr wenig bekannt.*

Namen der Bergsteiger auf. Hsu Ching (im ersten Besteigungsabschnitt) und die Seilschaft, die zum Gipfel gegangen war: Wang Fu-chou, Chu Yin-hua, Gonpa und Liu Lien-man (der jedoch nicht mit den anderen bis zum Gipfel ging). Man weiß auch, dass die Bergsteiger einige Zelte auf 7200 m errichteten, nachdem sie ein Lager am Nordsattel eingerichtet hatten –, was oberhalb davon passierte, ist ungewiss, außer dass die Alpinisten auf 8500 m ein weiteres Camp einrichteten. Die chinesische Route führte den Grat entlang (ebenso wie Mallorys alter Plan). First Step wird allerdings nicht erwähnt. Es wird beschrieben, dass eine heikle Stelle mit einer Menschenpyramide überwunden wurde und dass die Seilschaft mit künstlichem Sauerstoff die Nacht hindurch aufstieg. Ohne Nahrungsmittel und Getränke soll sie den Gipfel des Everest am 25. Mai 1960 um 4.30 Uhr erreicht haben, wo sie eine Flagge und ein Porträt von Mao Tse-tung hinterließ. Es ist fast schon überflüssig zu erwähnen, dass es kein Gipfelfoto gibt. Seit 27 Jahren werden nun schon Vermutungen über diese Unternehmung angestellt, aber es ist schwierig, sich eine fundierte Meinung darüber zu bilden. Auch deswegen, weil China in dieser Periode Lichtjahre von der westlichen Welt entfernt war. Die wenigen Fotografien, die es von dieser Unternehmung gibt, wurden genau untersucht, ebenso wie ein Film, den Chu Yin-hua in großer Höhe drehte. Laut Angaben von britischen Bergsteigern, könnten einige Bilder oberhalb des Second Step, auf ca. 8700 m, aufgenommen worden sein.

Frühjahr 1963: Die Amerikaner kehren an den Everest zurück. N. G. Dyhrenfurth, 45, berühmter Bergsteiger und Himalayaexperte, Forscher und Schriftsteller, hatte bereits an der Schweizer Expedition im Jahr 1952 und an einem Besteigungsversuch des Lhotse im Jahr 1955 teilgenommen. Zu dieser großen Expedition gehörten die Bergsteiger Allen C. Auten, C. Bishop, John E. Breitenbach, James Barry Corbet, David L. Dingman, Daniel E. Doody, Richard M. Emerson, Thomas F. Hornbein, Luther G. Jerstad, James Lester, Maynard M. Miller, Richard Pownall, Barry W. Prather, Gilbert Roberts, der Expeditionsarzt William E. Siri, William F. Unsoeld, James W. Whittaker und der britische Oberst Jimmy Roberts.
Dyhrenfurth hatte sich folgenden Plan für die erste Überschreitung zurechtgelegt: Sie würden über den Südostgrat aufsteigen, um dann über den Westgrat abzusteigen. Hornbein hatte jedoch wenig später eine andere Idee: Über den erste Teil der Route war für alle gleich und führte sie zum Western CWM und zum Eisfall, dem ersten großen Hindernis, das alle hinter sich bringen mussten. Um die Suche nach einer geeigneten Route durch die Eismassen und Gletscherspalten zu beschleunigen, stieg Dyhrenfurth die Hänge zum Lho-La empor und beschrieb über Walkie Talkie Unsoeld und der Gruppe die Route, der sie folgen sollten.
Während des zweiten Besteigungsversuchs brach eine Eiswand zusammen und tötete Breitenbach. Die Moral der Gruppe sank daraufhin, aber der Aufstieg ging trotzdem weiter. Am 2. April wurde auf 6500 m, in einer Senke des Western CWM Camp II errichtet, das schon bald zu einem Zwischenlager wurde. Ab hier verfolgten die beiden Gruppen unterschiedliche Routen: Die erste ging in Richtung der Lhotsewand, um in den Südsattel aufzusteigen, die andere plante, aus dem Western CWM nach links hinaufzusteigen, um die wollten sie links des Grates in der Nordwand des Everest klettern, obwohl das Gelände dort problematisch werden konnte. Hornbein hatte dabei in erster Linie eine Schneerinne vor Augen (heute als „Hornbeincouloir“ bekannt), die es ihnen ermöglichen sollte, den schwierigsten Teil des Grates zu überwinden. Am nächsten Tag fanden Hornbein, Bishop und Unsoeld eine Stelle, um auf 7650 m ein neues Lager zu errichten. Am 13. April kehrte die Gruppe mit klareren Vorstellungen ins Basislager zurück.
Dyhrenfurth hatte sich währenddessen entschlossen, das Vorgehen entlang der Normalroute in den Südsattel voranzutreiben. Die Westgratgruppe zögerte, als sie damit konfrontiert wurde, dass der Gipfel unter allen Umständen zu erreichen sei. Hornbein und Unsoeld riskierten, sich dadurch innerhalb der Gruppe zu isolieren, doch glücklicherweise entschieden sich Corbet und Emerson ebenfalls für die neue Route.

Die erste Überschreitung des Everest

Westgrat war noch niemand aufgestiegen; warum sollten sie diesen erst im Abstieg, im Zustand höchster Erschöpfung angehen? Es wäre sicher sinnvoller diesen bereits als Aufstiegsweg zu wählen und dann über den Südostgrat in den Südsattel abzusteigen. Unter den Expeditionsmitgliedern gab es eine Gruppe, die ausschließlich daran interessiert war, den Gipfel über die kürzeste, leichteste Route zu erreichen. Deshalb trennten sich die Bergsteiger in zwei Gruppen: Hornbein, Unsoeld, Bishop, Breitenbach, Corbert, Dingman und Emerson, alles exzellente Felskletterer, wollten den Westgrat angehen. Dyhrenfurth, Whittaker, Siri, Jerstad, Pownall und Roberts waren dagegen leidenschaftliche Eisgeher und wollten über den Südsattel aufsteigen.
Die Expedition brach am 20. Februar von Kathmandu auf und richtete einen Monat später ein Basislager ein. Der Westschulter des Everest zu erreichen und über den Westgrat aufzusteigen.
Am 3. April erkundeten Unsoeld und Bishop die neue Route. Zwei Tage später kamen Bishop und Hornbein bis auf 7150 m, hoch genug, um festzustellen, dass ihnen bis zur Westschulter wahrscheinlich keine großen Probleme im Weg stünden. Am 7. April wurde am Beginn der Traverse ein provisorisches Lager errichtet, jedoch schon bald wieder abgebrochen und unterhalb des Westgrates auf 7200 m Camp IIIW (W steht für West) installiert. Am nächsten Morgen stiegen Hornbein, Bishop, Unsoeld und Dingman bis zur Schulter auf und erblickten von dort zwei verschiedene Welten: auf der einen Seite das Western CWM, auf der anderen der Rongbukgletscher. Über ihnen erhob sich zunächst schneebedeckt, jedoch weiter oben felsig und spitz, der Westgrat. Falls es Probleme geben sollte,

88 links Die amerikanische Expedition im Jahr 1963 verfolgte zwei Ziele: Zum einen sollte die von Hillary und Norgay eröffnete Route, die über den Südsattel und den Südostgrat führte, wiederholt werden, zum anderen war ein Aufstieg über den Westgrat geplant. Auf diesem Bild warten Bishop und Unsoeld im Basislager auf ihren Flug nach Kathmandu, um dort ihre Erfrierungen behandeln zu lassen.

88 rechts Das Wetter im Frühjahr 1963 war sehr wechselhaft. Die Amerikaner waren häufig Schneestürmen und heftigen Winden ausgesetzt. Das Vorhaben, über den Westgrat aufzusteigen barg daher große Risiken.

89 Nicht alle amerikanischen Expeditionsmitglieder waren mit einer Wiederholung von Hillarys und Norgays Route zufrieden: Hornbein Bishop, Unsoeld, Dingman und ein paar andere wollten über den Westgrat aufsteigen und damit eine neue Route eröffnen.

Es wurden fast alle Träger für die Hochlager entlang der Normalroute eingesetzt, denn Hornbein und seine Gefährten experimentierten mit einer neuen Winde, die es ermöglichen sollte, die Lasten erheblich zu reduzieren. Inzwischen kamen die Bergsteiger, die die klassische Route gingen, schnell voran. Am 29. April errichteten Whittaker, Dyhrenfurth, Gombu, Ang Dawa und eine kleine Gruppe Träger Camp V am Südsattel und ein weiteres am nächsten Tag auf 8365 m am Südostgrat. Am 1. Mai brachen sie zum Gipfel auf. Wenig später gaben Dyhrenfurth und Ang Dawa auf; Whittaker und Gombu erreichten den Gipfel.

Die nachfolgenden Versorgungsseilschaften waren jedoch nicht in der Lage den Gipfel zu besteigen: In Camp VI gab es bereits keine weiteren Sauerstoffflaschen mehr und so mussten sie für Sauerstoffnachschub sorgen, wenn sie den Gipfel noch einmal erreichen wollten. Wieder im Basislager angelangt, mussten sie feststellen, dass die Sauerstoffvorräte sehr begrenzt waren; lebhafte Diskussionen wurden geführt. Noch einmal wurden Pläne geschmiedet und man beschloss, dass zwei Versuche parallel zueinander durchgeführt werden sollten: einer über den Westgrat und ein anderer entlang der Normalroute. Die zwei Seilschaften sollten sich auf dem Gipfel treffen und gemeinsam in den Südsattel absteigen. Corbet und Emerson installierten daraufhin die Winde und begannen Camp IIIW zu versorgen. Am 15. Mai installierten Hornbein, Unsoeld und vier Sherpas Camp IV auf 7650 m. Am nächsten Tag gingen sie weiter. Nachts gab es jedoch einen starken Schneesturm, der die Zelte von Camp IV stark beschädigte. Am 20. Mai reparierten sie Camp IV und setzten am nächsten Morgen ihren Aufstieg fort. Hornbein und Unsoeld verbrachten die Nacht auf 8300 m in dem kleinen Zelt von Camp V, das sie ein paar Stunden zuvor errichtet hatten. Es war noch dunkel, als

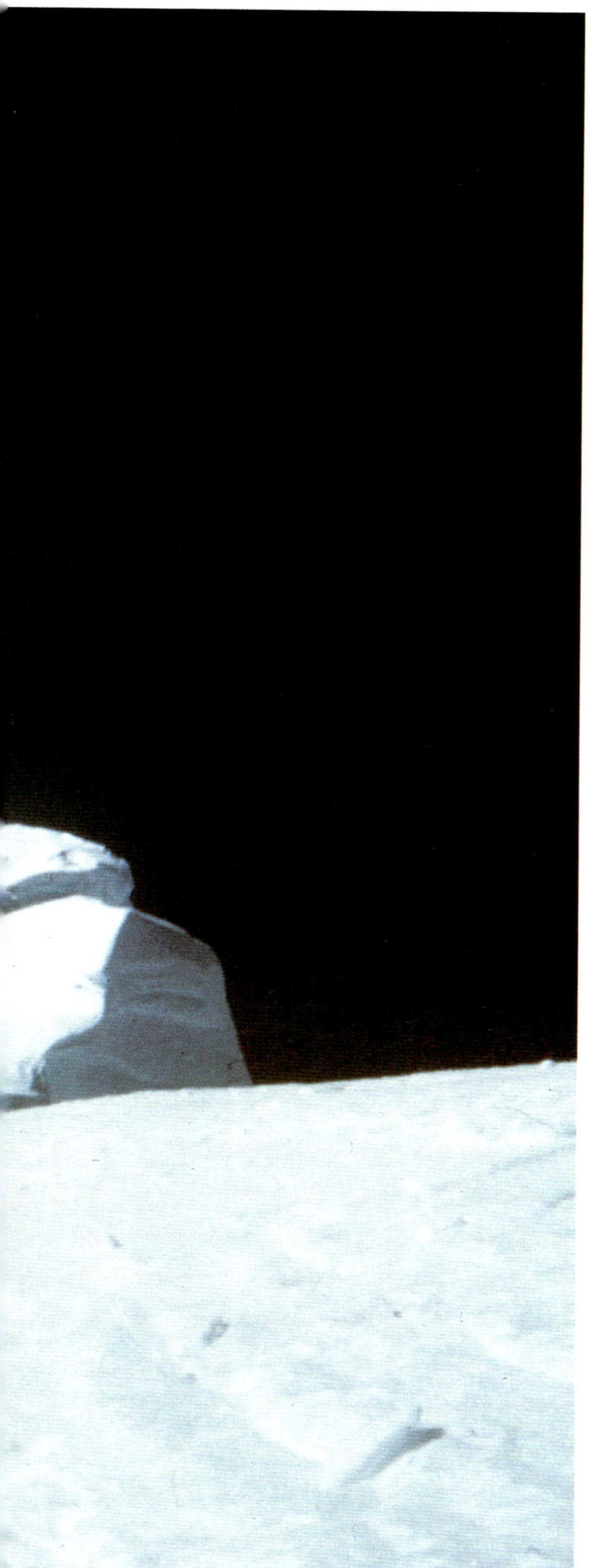

90-91 *Am 22. Mai 1963 um 18.15 Uhr standen Hornbein und Unsoeld auf dem Gipfel des Everest und eröffneten damit eine neue Route.*

die Amerikaner sich auf den Weg zum Gipfel machten. Um 18.15 Uhr standen Hornbein und Unsoeld auf dem Gipfel. Kurz darauf begannen sie den Abstieg zum Südsattel. Im letzten Tageslicht standen sie auf dem Südgipfel, dann setzten sie ihren Weg nach unten fort. Nach einer Weile hörten sie Stimmen. Es waren Jerstad und Bishop, die über die Normalroute aufgestiegen waren, den Gipfel nachmittags erreicht hatten und mittlerweile sehr langsam abstiegen. Hornbein und Unsoeld schlossen sich ihren Gefährten an und bestärkten sie darin, weiterzugehen. Aber es war nutzlos, sie mussten biwakieren.
Bei Tagesanbruch stiegen Dave Dingman und ein Sherpa auf, um nach ihren Gefährten zu sehen. Sie fanden alle unverletzt vor. Einige Stunden später im Zwischenlager war die erste Überschreitung des Everest perfekt.

91 oben *1. Mai 1963: Der Sherpa Nawang Gombu auf dem Gipfel des Everest. Er hat soeben die Route der Erstbesteiger mit Whittaker wiederholt.*

91 unten *Ein Amerikaner überquert eine Gletscherspalte mit Hilfe einer Leiter. Die Klettertechniken hatten sich in den 60er Jahren zwar weiterentwickelt, trotzdem kamen aber einige Systeme der Pioniere weiterhin zum Einsatz.*

Auch indische Bergsteiger versuchten sich am Everest. Die indische Bergsteigerstiftung wurde 1958 ins Leben gerufen mit der Zielsetzung, die höchsten Gipfel in Asien zu besteigen. Der Everest war der große Traum jedes Bergsteigers. Die ersten indischen Expeditionen in den Jahren 1960 und 1962 kamen bis an den Fuß des Südgipfels des Everest. Der dritte Anlauf war jedoch erfolgreicher: Zwischen dem 19. und 29. Mai 1965 erreichten neun Bergsteiger bei drei Aufstiegen den Gipfel, nachdem sie am Südostgrat auf 8500 m ein Hochlager errichtet hatten.
Wenige Monate später schloss Nepal für weitere drei Jahre, von 1966 bis zum Frühjahr 1969, seine Grenzen, der Everest war wieder unerreichbar. Als die Route durch das Khumbutal wieder geöffnet wurde, hatten die Bergsteiger bereits andere Pläne. Das Bergsteigen im Himalaya stand im Bann der großen Wände. Neue Ideen und unglaubliche Felsdurchsteigungen erschütterten die Welt der Bergsteiger und beeinflussten vor allem die jüngeren Generationen. Überall wurde der Ruf nach neuen Routen laut. Warum nicht auch im Himalaya?
Ein neues Kapitel in der Geschichte des Bergsteigens wurde Anfang der 70er Jahre aufgeschlagen. Das Ereignis, das dieses neue Kapitel öffnete war wirklich außergewöhnlich: die Erstdurchsteigung der gigantischen Südwand des Annapurna durch eine britische Expedition. Es galt, auch im Himalaya, nicht mehr die leichteste und logischste Route durch die großen Wände zu nehmen sondern Routen, die möglichst direkt und so schwierig wie möglich waren. Dies galt auch für den Everest: erst die herausragenden Gipfel, dann die Wände.
Die monumentale Südwestwand war die erste, die die Aufmerksamkeit der Bergsteiger auf sich zog. Sie erhebt sich 2400 m hoch über dem Western CWM, zunächst mit steilen Schneehängen,

Die monumentale Südwestwand

dann weiter oben als gewaltige Felswand. In der Mitte der Wand befindet sich ein großes Schneefeld, das aus der Entfernung wie eine Rinne aussieht und sich bis zum Gelben Band bis auf 7900 m erstreckt. Dort teilt sich das Eiscouloir in zwei Arme und nimmt eine Y-Form an. Rechter Hand führt es zum Südostgrat; auf der anderen Seite krümmt es sich zu einem engen Band, das sich in einem Rechtsbogen um den Fels windet (was nicht eindeutig von unten auszumachen ist) und dann in das große darüber liegende Schneefeld übergeht.
Die ersten, die die Erlaubnis erhielten, die Wand zu durchsteigen, waren drei aufeinander folgende japanische Expeditionen. Die erste Erkundungsunternehmung zur Südwestwand brach im Herbst 1969 auf: Sie sahen ihr Problem kurz ein, ohne über 6500 m zu gehen. Ein Jahr später kehrten die Japaner mit ernsthafteren Absichten zurück. Sie installierten ein Basislager und ein Zwischenlager im Western CWM, errichteten im Oktober Camp III auf 7000 m,

92 links *Die indische Expedition im Jahr 1965 war ein Erfolg: Nachdem ein Hochlager am Südostgrat auf 8500 m errichtet worden war, erreichten zwischen dem 19. und 29. Mai neun Bergsteiger den Gipfel des Everest. Unter ihnen war auch Sonam Wangyal.*

92 rechts *Am 22. Mai erreichte Sonam Wangyal, der bereits an den indischen Expeditionen 1960 und 1962 teilgenommen hatte, mit Sonam Gyatso den Gipfel des Everest.*

92-93 *Von Kala Pattar auf nepalesischer Seite kann man den Westgrat und die monumentale Südwestwand des Everest einsehen, durch die zwei schwierige Routen führen, die 1975 die Briten und 1982 die Russen eröffneten.*

Camp IV auf 7500 m und schließlich Camp V, an der Basis des zentralen Couloirs, auf 7800 m. Dies war etwas völlig Neues, hatte man doch zuvor die Zelte wegen der dünnen Schneedecke auf einer Plattform aus Metall installiert.

Am 31. Oktober erkundete die Seilschaft Naomi Uemura und Masatsugu Konishi das linke Band des zentralen Couloirs in der Überzeugung, dass dies der richtige Weg zum oberen Schneefeld sei. Am nächsten Tag stiegen Hiroshi Nakajima und Shigeru Satoh noch eine Zeit lang auf, die Aufstiegsroute schien ihnen vielversprechend, aber sie kamen nicht weiter voran.

Die Japaner kehrten pünktlich zum Frühlingsanfang zum Everest zurück, diesmal mit einer großen Expedition. Sie wurden von einer unabhängigen Gruppe begleitet, die geplant hatte, mit Skiern abzufahren. Die Gruppe der Bergsteiger wollte nicht nur die Südwestwand durchsteigen, sondern auch über die Normalroute zum Gipfel gelangen. Sabuto Matsukata leitete die Hauptgruppe, die aus 39 Bergsteigern, einschließlich einer Frau (Sekuto Watanabe) bestand. Dazu kamen noch die Sherpas und die 33 Mitglieder der Skigruppe. Daraus wird ersichtlich, dass im ersten Teil der Unternehmung dichtes Gedränge herrschte. Für die Durchsteigung des Eisfalls und des Western CWM bedeutete dies ein erhöhtes Risiko. Und so kam, was kommen musste: Anfang April wurden sechs Sherpas unter einer Lawine begraben, und ein paar Tage später wurde ein weiterer Träger Opfer eines herabfallenden Séracs.

Aber die Probleme wollten nicht aufhören: Kujoshi Narita, der jüngste Expeditionsteilnehmer erlitt eine Herzattacke in Camp I. Es war ein harter Schlag für alle. Der Expeditionsleiter ließ den Plan fallen, durch die Wand aufzusteigen und bat die Bergsteiger, sich auf die Normalroute zu konzentrieren. Es waren jedoch nicht alle Mitglieder der Expedition von diesem Vorschlag begeistert, und so wurde die Durchsteigung der Südwestwand noch einmal diskutiert. Es wurde entschieden, es doch wieder über beide Routen zu versuchen.

Am 11. Mai erreichten Uemura und Matura den Gipfel über die klassische Südsattelroute; am nächsten Tag stiegen auch Katsutoshi Hirabayashi und der Sherpa Chotare erfolgreich auf. Zum gleichen Zeitpunkt sah sich die Gruppe, die durch die Wand gehen wollte, großen Schwierigkeiten gegenüber: Die Schneeauflage war sehr dünn, die Installation der Camps erforderte höchste Vorsicht, das Vorankommen gestaltete sich schwieriger als sie vorhergesehen hatten und die Steinschlaggefahr nahm von Tag zu Tag zu. Langsam kamen die ersten Seilschaften über 8000 m und in Sicht des Bandes, das ihnen ermöglichen sollte, das Gelbe Band zu überwinden. Es stellte sich jedoch heraus, dass sehr schlechte Verhältnisse in dieser Passage herrschten und so gingen sie diese Stelle nicht einmal an. Am 21. März kehrten alle Bergsteiger ins Basislager zurück.

94-95 *Um in das Western CWM zu gelangen, muss man den Khumbueisfall überwinden, ein Labyrinth aus Séracs und großen Gletscherspalten. Die Versicherungen müssen wegen der häufigen Eisabbrüche und dem konstanten Fluss des Gletschers ständig kontrolliert und repariert werden.*

94 unten *Naomi Uemura war während der Expedition von 1970 Seilgefährte von Reizo Ito und nahm bei dem Versuch, über die Südwestwand aufzusteigen, teil.*

95 unten Einige Teilnehmer der internationalen Expedition im Jahr 1971. Von links nach rechts: Mazeaud, Evans (Koordinator der Gruppe, die über die Südwestwand aufsteigen wollte), Dyhrenfurth (der Expeditionsleiter), M. und Y. Vaucher und Mauri.

95 oben Norman Dyhrenfurth, Leiter und Organisator der internationalen Expedition im Jahr 1971, war ein Everestveteran. Er hatte bereits 1952 an der zweiten Schweizer Expedition und an einer Expedition auf den Lhotse im Jahr 1955 teilgenommen. Außerdem hatte er die amerikanische Gruppe 1963 geleitet.

Die Moral der Japaner im Basislager war gut: Zwei Wochen vorher hatte die Skigruppe ihr Vorhaben erfolgreich ausgeführt; Yuichiro Miura war vom Südsattel zum Fuß der Lhotsewand abgefahren; dabei hatte er eine Geschwindigkeit von über 150 km pro Stunde erreicht. Dies grenzt an Wahnsinn, bedenkt man die Höhe, das Ende der Abfahrt und dass ein Fallschirm als Bremse fungierte. Glücklicherweise nahm alles einen guten Ausgang, auch ein schwerer Sturz des Skifahrers, der unmittelbar vor einer großen Gletscherspalte endete.
Auch im nächsten Jahr führte eine Expedition unter der Leitung von Norman Dyhrenfurth durch den Eisfall und das Western CWM. Der zweite Hauptverantwortliche für diese Unternehmung war Oberst Jimmy Roberts. An der Expedition nahmen Bergsteiger aus verschiedenen Ländern, ein BBC Fernsehteam, ein Journalist und ein Geologe teil. Italien wurde durch Carlo Mauri repräsentiert, Frankreich durch Pierre Mazeaud, England durch Dougal Haston, Don Whillans und den Arzt und Bergsteiger Peter Steele; die Schweiz wurde durch Michelle und Yvette Vaucher vertreten; für die Bundesrepublik Deutschland nahm Toni Hiebeler teil; für Österreich beteiligten sich Wolfgang Axt und Leo Schlömmer, für Indien Harsh Bahaguna, für Japan Reizo Ito und Naomi Uemura; die USA wurden repräsentierten durch Duane Blume, David Isles, Gary Colliver, John Evans und den Arzt David Peterson; Norwegen wurde durch Jon Teigland und Odd Eliassen vertreten.
Man hatte sich zwei Ziele vorgenommen: den Westgrat und die Südwestwand. Auf dem Papier hatte die Gruppe alle Karten in der Hand, um diese Ziele zu erreichen. In der Realität entwickelte sich die Expedition zu einer Parade von ständig diskutierenden Stars; die internationale Zusammensetzung wurde zu einem Desaster. Jeder wollte glänzen, doch niemand wollte sich der eigentlichen Zielsetzung unterordnen. Schon in den ersten Tagen formten sich aufgrund von sprachlicher und kultureller Zusammengehörigkeit zwei Lager: Die Gruppe der Angelsachsen und Nationen mit romanischen Sprachen wollte in erster Linie die Südwestwand angehen; die übrigen Teilnehmer wollten es über den direkten Westgrat versuchen.
Im ersten Teil der Route gab es keine großen Probleme. Am 5. April wurde Camp II auf 6580 m, am Einstieg ins Western CWM errichtet. Danach trennten sich die Gruppen. Evans, Whillans, Haston, Hiebeler, Colliver, Ito, Uemura, Peterson und Schlömmer gingen die Wand an; Axt, Teigland, Mauri, Eliassen, Mazeaud, Bahaguna, Steele sowie Yvette und Michel Vaucher nahmen die Westschulter in Angriff.

96-97 *Die Sherpas mussten am Eisfall hart arbeiten, um die Lager der internationalen Expedition zu versorgen, die zwei verschiedene Routen gehen wollte: über den Südsattel und durch die Südwestwand.*

96 unten *Der Brite Whillans und der Österreicher Schlömmer (hier in Höhe von Camp III) wollten mit Haston, Evans, Colliver, Ito, Uemura und Peterson über die Südwestwand aufsteigen.*

__97 oben__ Nach mehreren Tagen mit Schneestürmen ähnelt Camp II auf 6580 m am Beginn des Western CWM einem verlassenen Außenposten in der Arktis.

__97 unten__ Ian Howell von der BBC sichert Anthony Thomas, den Leiter des Fernsehteams, beim Überqueren einer Gletscherspalte am Eisfall auf 5800 m Höhe.

Auf beiden Routen wurden Hochlager (Camp III) errichtet. Es entwickelte sich jedoch nicht alles positiv und so entstanden die ersten Konflikte, insbesondere, was die Versorgung betraf. Aber es kam noch schlimmer: Am 18. April entschieden sich Bahaguna und Axt in Camp II abzusteigen, um einem Blizzard aus dem Weg zu gehen. Während einer Traverse rutschte der Inder aus, blieb in einem Fixseil hängen und konnte sich nicht mehr befreien. Der Wind behinderte die Bergungsaktion so stark, dass Bahaguna nicht gerettet werden konnte.
Die Moral der Expedition war auf den Nullpunkt gesunken. Hiebeler reiste nach Deutschland zurück. Die Westgrat-Gruppe bröckelte auseinander. sobald sie das Western CWM erreicht hatten, zwei verschiedenen Routen folgen, um beide Expeditionsgruppen zufrieden zu stellen. Jimmy Roberts, der für die Versorgung der Lager zuständig war, schlug deshalb Dyhrenfurth vor, sie sollten sich auf ein Projekt konzentrieren: die Südwestwand. Sie stimmten ab; die überwiegende Mehrheit war für Roberts Vorschlag, Mazeaud war gegen dieses Projekt, und stieg mit Mauri ins Basislager ab. In den darauf folgenden Stunden wurde heftig diskutiert. Man beschuldigte Dyhrenfurth der Befangenheit. Es kam zum großen Krach. Daraufhin verließ die Südsattel-Gruppe die Expedition, die Südwestwand-Gruppe gab jedoch noch nicht auf. Inzwischen war Dyhrenfurth

Mazeaud, Mauri und das Ehepaar Vaucher baten Dyhrenfurth über die Normalroute aufsteigen zu dürfen. Es wurde darüber abgestimmt. Die Mehrheit stimmte zu und der Expeditionsleiter genehmigte es. Aber schon bald gab es wieder Probleme. Die Versorgung der Hochlager ging zu langsam voran, fast jeden Tag musste der Eisfall aufs Neue gesichert werden aufgrund der extremen Verschiebungen der Séracs. Außerdem gestaltete sich der Transport extrem schwierig, die Träger mussten, krank geworden und Jimmy Roberts hatte seinen Platz eingenommen. Whillans und Haston waren entschlossener denn je mit Hilfe der Ito-Uemura-Seilschaft durch die Wand zu steigen. Am 5. Mai errichteten sie Camp V auf 7925 m. Dann setzten sie ihren Weg nach links fort, um den Versuch der Japaner in Augenschein zu nehmen: zu steil. Daraufhin versuchten sie direkt aufzusteigen: kein Weiterkommen. Schließlich querten sie zur rechten Seite der Wand. Sie errichteten auf 8290 m

98 Sherpas, die Material in die Hochlager transportiert haben (1972), beim Abstieg am Eisfall. Auf den Abschnitten, an denen die Route an den Eisnadeln vorbeiführt, kann jede Verzögerung fatale Auswirkungen haben.

98-99 Einige Bergsteiger und Sherpas von Boningtons Expedition, die die Südwestwand durchsteigen wollten, beim Überqueren einer gigantischen Gletscherspalte, die sich tief in das Western CWM eingeschnitten hat.

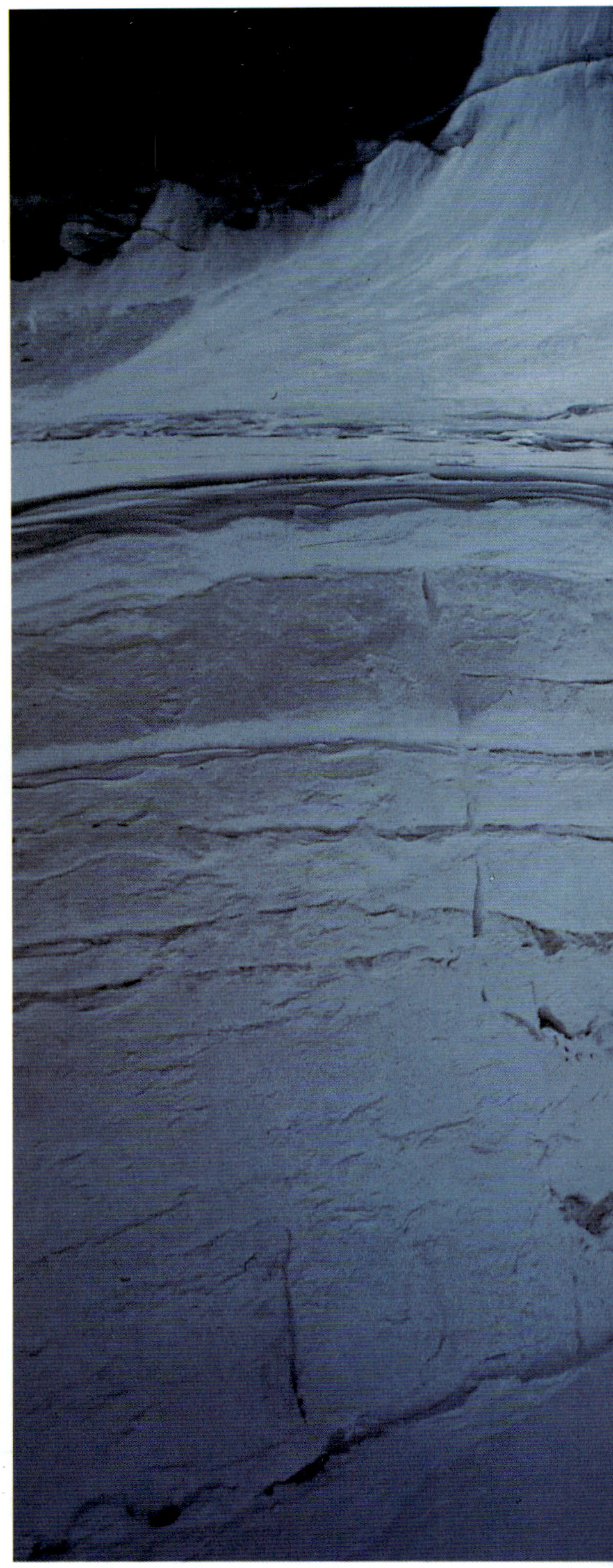

Camp VI, um dort auf besseres Wetter zu warten, entschlossen aufs Ganze zu gehen. Um einen Abstieg zu vermeiden, verwendeten sie künstlichen Sauerstoff so sparsam wie möglich, setzten ihn nur über Nacht ein. Unter ihnen war die Route bis auf die Japaner und ein paar Sherpas verlassen. Schlömmer bot sich an, den Seilersten zu machen. Aber die Briten weigerten sich. Wieder wurde diskutiert. Kurze Zeit später stellten Whillans und Haston oberhalb von Camp VI fest, dass ihre Route zum Südostgrat führte. Sie waren müde und die Versuchung, diese Richtung einzuschlagen, war groß. Der Abschnitt über ihnen, ein Kamin, lag jenseits ihrer Möglichkeiten. Sie berieten untereinander und entschieden schließlich aufzugeben. Das Scheitern der Dyhrenfurthexpedition wirkte wie eine Warnung: Keine zu großen Experimente mehr und vor allem überlegte Auswahl der Expeditionsteilnehmer.

Im Frühjahr 1972 ging eine weitere Gruppe die Südwestwand an, allerdings mit einem gravierenden Unterschied: Dyhrenfurths Vorstellungen waren von Nationen übergreifenden Idealen getragen; die internationale Expedition, die der Arzt Karl Maria Herrligkoffer aufstellte, war vor allem von finanziellen Motiven gekennzeichnet – berühmte Teilnehmer bedeuteten mehr Sponsoren, mehr Zeitungsberichte, mehr Fernsehen und mehr Geld. Herrligkoffer wollte die besten Bergsteiger. Schließlich setzte sich die Expedition zusammen aus österreichischen Bergsteigern, den Briten Doug Scott, Don Whillans und Hamish MacInnes, dem Italiener Leo Breitenberger, dem Schweizer Hans Berger, einem Kameramann und drei Wissenschaftlern. Es war vorhersehbar, dass auch Herrligkoffers Expedition mit Schwierigkeiten, manchmal sogar mit großen Problemen zu kämpfen haben würde.

Der Leiter des Basislagers kehrte wegen Akklimatisierungsproblemen nach Europa zurück. Der 32-jährige Horst Vitt starb bei seiner Ankunft in Gorak Shep an einem Lungenödem. Danach brach unter den Sherpas ein Streit wegen unzureichender Ausrüstung aus. Schließlich verhinderte die Rivalität zwischen den deutschsprachigen und angelsächsischen Bergsteigern eine Zusammenarbeit in großer Höhe. Die Briten entschlossen sich abzureisen. Und so endete das Unternehmen: Am 18. Mai erreichte das österreichische Team Camp VI und setzte seinen Weg in Richtung des höchsten Punktes, den Haston und Whillans im Jahr zuvor erreicht hatten, fort. Sie kamen jedoch trotz aller Anstrengungen nicht weiter, und so war die Gruppe gezwungen, wieder ins Basislager zurückzukehren. Ein paar Monate später, im Herbst 1972, startete ein neuer Versuch: Dieses Mal wurde die Wand von einer briti-

99 rechts *Die Südwestwand des Everest ist eine Respekt einflößende Wand, die sich 2400 m über dem Western CWM erhebt. Die Einstiegshänge sind schneebedeckt, im oberen Teil ist die Wand jedoch felsig mit einem Y-förmigen Eiscouloir.*

99 unten *Camp II am Beginn des Western CWM. Es diente als vorgezogenes Lager für die britische Expedition im Jahr 1972 und war von größter Wichtigkeit, da sich dort die Verpflegung für die Bergsteiger befand, die die Südwestwand durchsteigen wollten.*

100 links Hohe Temperaturen gegen Mittag und der Gletscherfluss sind die Hauptursachen für die häufigen Eisschläge – ein Charakteristikum am Eisfall. Auf diesem Foto sind Mitglieder der britischen Expedition von 1972 in einem eher einfachen Abschnitt zu sehen.

100 oben rechts Die Eisbrücke stellt die einzige Möglichkeit dar, die tiefe Gletscherspalte zu überqueren, die sich quer durch das Western CWM erstreckt. Äußerste Vorsicht ist angebracht!

100 unten rechts In einem Schneesturm gibt es Momente, in denen alles vom wilden, erbarmungslosen Wind und dem herumwirbelnden Schnee verschluckt wird. Nach einigen Schlechtwettertagen waren die Zelte, in denen sich die Teilnehmer von Boningtons Expedition aufhielten mit Schnee bedeckt und teilweise beschädigt.

schen Expedition unter Leitung von Chris Bonington angegangen, der um sich die besten Himalayabergsteiger geschart hatte: Mick Burke, Nick Estcourt, Dougal Haston, Hamish MacInnes, Doug Scott, Kelvin Kent, Graham Tiso, David Bathgate, Tony Tighe, der Arzt Barney Rosedale und Jimmy Roberts. Sie brachten den ersten Teil des Aufstiegs ohne Probleme hinter sich. Trotz schlechten Wetters installierten sie am 30. September Camp II und begannen ein paar Tage später mit den Vorbereitungen für Camp III.

Am 12. Oktober begannen sie bereits Camp V aufzubauen. Aber ihnen blieb nicht mehr viel Zeit und schon bald setzten die schrecklichen Winterwinde ein. Die Zelte wurden fürchterlich vom Wind gerüttelt und drohten zu zerreißen. Steine und Eis hagelten im Wirbelwind ständig auf Camp IV. Die Expedition kam zum Stillstand und der Wunsch abzusteigen, wurde immer stärker. Glücklicherweise wurde es Anfang November etwas besser, und

101 Einige Abschnitte im Eisfall setzen sich aus einer Ansammlung von Séracs und Eisnadeln jeder Größe zusammen, die äußerst instabil gegeneinander gelehnt sind.

102 oben Gruppenfoto der japanischen Frauenexpedition, die von Eiho Hisano geleitet wurde. Sherpas und das japanische Fernsehteam kamen noch dazu.

102 Mitte Im Frühjahr 1975 kam eine chinesische Expedition unter Leitung von Shih Chan-chu über den Nordsattel auf den Gipfel. Die Tibetanerin Phantog (Foto) erreichte mit acht weiteren Bergsteigern den Gipfel des Chomolungma.

man bereitete sich vor, Camp VI zu errichten. Ziel war es, die Route von 1971 weiterzugehen, doch der Kamin, den Whillans und Haston entdeckt hatten, war nicht erkletterbar: Der Wind hatte den Schnee weggeweht – sie mussten aufgeben. Wenige Tage später ereignete sich ein tragischer Unfall: Beim Ersteigen des Eisfalls verschwand Tighe im Spaltenlabyrinth, wahrscheinlich wurde er von Eisschlag getroffen.
Im Herbst 1973 gab es einen erneuten Versuch an der Wand. Im Frühjahr desselben Jahres hatte Monzino einen Aufstieg über die Normalroute mit einem unglaublichen Menschen- und Materialaufwand durchgeführt (zu dem sogar zwei italienische Militärhubschrauber gehörten).
Gegen Ende des Monsunregens kam eine überschaubarere Bergsteigergruppe am Everest an, zu der 48 japanische Bergsteiger und 33 Sherpas unter Leitung von Michio Yuasa gehörten. Ein Teil der Expedition ging die Route des vergangenen Jahres, kam jedoch bis auf 8300 m; die andere Gruppe erreichte am 26. Oktober über den Südsattel den Gipfel. Es war die erste Nach-Monsun-Besteigung des Everest, aber Yasuo Kato und Hisahi Ishiguro mussten dafür ein Biwak in Kauf nehmen, bei dem sie sich schwere Erfrierungen zuzogen.
1974 gab es eine Vor- und eine Nach-Monsun-Besteigung: die erste über die Normalroute wurde von einer spanischen Expedition unter der Leitung von Lorente Zigaza durchgeführt; bei der zweiten, die über den Westgrat aufstieg, kamen der Expeditionsleiter Gérard Devouassoux und fünf Sherpas in einer Lawine ums Leben.

102 unten 16. Mai 1975: Die 35-jährige Bergsteigerin Junko Tabei erreichte als erste Frau über die klassische nepalesische Route mit dem Sherpa Ang Tshering den Gipfel des Everest.

102-103 *Im Anschluss an die japanische Frauenexpedition und die japanische Expedition im Jahr 1975 gelang einer britischen Expedition unter der Leitung von Chris Bonington die erste Durchsteigung der Südwestwand, an der bis zu diesem Zeitpunkt alle Versuche gescheitert waren.*

Im Frühjahr 1975 gab es zwei bemerkenswerte Ereignisse: die Japanerin Junko Tabei erreichte mit dem Sherpa Ang Tshering am 16. Mai den Gipfel des Everest und eine chinesische Expedition, bestehend aus acht Männern und der Tibetanerin Phantog, gelangte über den Nordgrat (dieses Mal dokumentiert) auf den Gipfel.
Bonington, MacInnes, Scott, Haston, Burke, Estcourt, Boysen, Thompson, Braithwaite, Fyffe, Richards, Clarke, Boardman und Rhodes durchstiegen schließlich die Südwestwand. Weitere Teilnehmer waren Gordon, zuständig für das Zwischenlager, die Ärzte Duff und Clarke, vier BBC Korrespondenten und ein Journalist der *Sunday Times*.

Bonington musste verschiedene Probleme lösen: Erstens durfte er mit dem Transport von Verpflegung und Material nicht zuviel Zeit verlieren (deshalb hatte er vor dem Sommermonsun in Namche Bazar ein Depot eingerichtet, um die Operationen zu beschleunigen), zweitens musste er die Route, bevor er sie angehen wollte, gründlich studieren und dabei eine Frage lösen: War es günstiger den vorherigen Versuchen Schritt für Schritt zu folgen oder war es besser den Plan der Japaner von 1971 wieder aufzugreifen?
Die britische Expedition installierte am 22. August ein Basislager. Inzwischen waren Estcourt und Haston, die bereits vorgegangen waren, am Eisfall an der Arbeit. Am 2. September war bereits Camp II installiert. Noch weiter oben errichteten sie die Zelte nicht an den üblichen Stellen, sondern an besser geschützten Plätzen. Am 11. September war bereits Camp IV belegt, nur eine Woche später errichteten Bonington und Richards bereits das nächste. Fixseile wurden installiert und Nachschub nach oben transportiert. Danach mussten sie sich über das Gelbe Band und die enge Schneerinne einig werden. Darüber lag noch eine sehr heikle Passage mit einer problematischen Seillänge. Schließlich überwanden Estcourt und Braithwaite nach langem Ringen diese Passage und gelangten ans obere Schneefeld. Der Weg zum Gipfel sollte nunmehr keine weiteren Überraschungen bieten.
Am 22. September errichteten Haston und Scott über dem Band Camp VI. Am nächsten Tag setzten sie ihren Aufstieg fort und versicherten 500 m mit Fixseilen. Am 24. September brachen sie zum Gipfelanstieg auf, entschlossen, zu biwakieren, wenn es die Umstände erfordern würden. Es war 3 Uhr morgens. Bei Tagesanbruch waren sie bereits am Ende der Fixseile, sie kamen

104 oben *Camp IV der britischen Expedition lag in einer Rinne, im unteren Teil der Südwestwand. Um das Lager vor eindringendem Schnee zwischen den Boxen und dem Hang zu schützen, waren große Leinentücher von den Zelten zur Wand gespannt worden.*

104 unten *Mike Thompson und Douglas Haston während einer Rast in Camp IV auf 8300 m. Es war das höchste Lager, das in der Südwestwand über der „Rampe" errichtet worden war.*

104-105 *Der Sherpa Ang Phurba sichert Dougal Haston in der Südwestwand am Ausstieg einer schneegefüllten Rinne auf einer Höhe von über 8200 m.*

schnell voran, ein Problem mit Hastons Sauerstoffapparat zwang sie jedoch zu einer einstündigen Unterbrechung.
Um 15 Uhr erreichten sie den Südgipfel des Everest. Der letzte Teil des Südostgrates lag jedoch noch vor ihnen. Drei Stunden später betraten Haston und Scott den Gipfel. Sie fotografierten sich gegenseitig neben der Flagge, die die Chinesen im Frühjahr angebracht hatten.
Aber es war schon spät, bald würde es dunkel werden, deshalb machten sie sich kurze Zeit später an den Abstieg. Wieder über den Hillary Step und den Südgipfel, auf dem sie biwakierten. Der Höhenmesser zeigte 8760 m, niemand zuvor hatte in dieser Höhe eine Nacht verbracht. Sie gruben eine kleine Senke in den Schnee und versuchten sich so gut es ging gegenseitig zu wärmen. Die Sauerstoffflaschen waren leer, und es war bitterkalt. Schließlich bekamen sie Halluzinationen. Haston führte eine lebhafte Diskussion mit einem imaginären Gefährten. Scott redete mit seinen Stiefeln. Beim ersten Tageslicht machten sie sich in Richtung Camp VI auf. Glücklicherweise hatte der Sauerstoffmangel den beiden nicht weiter geschadet.
Am selben Tag hatten Boardman, Boysen, Burke und der Sherpa Pertemba Camp VI bezogen, um den zweiten Versuch zu wagen. Am nächsten Morgen machte sich die Gruppe auf den Weg zum Gipfel. Boysen hatte Probleme mit seinem Sauerstoffgerät, verlor

105 *Mick Burke, Bergsteiger und Kameramann war einer der Teilnehmer von Boningtons Expedition. Er gehörte zu den wichtigsten Kletterern bei der Durchsteigung der Südwestwand. Am 26. September wurde er kurz unterhalb des Gipfels zum letzten Mal gesehen – seither ist er verschollen.*

106 unten *Gipfelfoto von Dougal Haston im Abendlicht des Everest, aufgenommen von Doug Scott. Während des Abstiegs waren die beiden gezwungen, auf dem Südgipfel zu biwakieren.*

dann auch noch ein Steigeisen, blieb zurück, gab schließlich auf und kehrte zum Zelt zurück.
Boardman und Pertemba stiegen weiter auf. Um 11 Uhr erreichten sie den Südgipfel und zwei Stunden später den Gipfel. Das Wetter verschlechterte sich zusehends. Boardman und Pertemba machten sich auf den Weg nach unten; dabei trafen sie Burke, der entschlossen war, den Gipfel zu erklimmen. Die beiden Briten kamen überein, weiter unten, am Südgipfel, aufeinander zu warten. Aber Burke kam nicht. Mittlerweile hatte sich das Wetter weiter verschlechtert. Was sollten sie tun? Um 16.30 Uhr beschlossen Boardman und Pertemba abzusteigen, da ihnen ein Biwak unter diesen Umständen zu gefährlich erschien. Sie sollten Recht behalten. Der Abstieg gestaltete sich als äußerst schwierig. Der Sherpa verlangsamte das Tempo, der Schneesturm wurde immer schlimmer. Boardman hatte Schwierigkeiten mit der Orientierung; er glaubte, sie seien auf dem falschen Weg. Um 19.30 Uhr endete der Alptraum. Der Schneesturm hielt Boysen, Boardman und Pertemba noch für weiter 30 Stunden in Camp VI fest. Der Abstieg war eine wahre Befreiung. Burke blieb verschollen.

107 unten *Der britische Bergsteiger Dougal Haston mit Pickel und Steigeisen am Hillary Step.*

107 oben *Auch Doug Scott stellte sich für das obligatorische Gipfelfoto neben dem chinesischen Dreibein auf. Er hatte mit Dougal Haston den Gipfel erreicht. Sie blieben jedoch nur einige Minuten auf dem Gipfel, da es bereits 18.30 Uhr war und sie so schnell wie möglich absteigen mussten.*

106-107 *24. September 1975: Nach dem Durchsteigen der Südwestwand hat der britische Bergsteiger Dougal Haston nur noch wenige Meter bis zum Gipfel zurückzulegen.*

108 Eine von Wolfgang Nairz geleitete Expedition wollte eigentlich über den Südpfeiler des Everest aufsteigen. Sie zogen sich später auf die bekannte Route über den Südsattel und den Südostgrat zurück. Auf dem Foto sind der Genfer Sporn und die Lhotseflanke zu sehen.

108-109 *Camp III der österreichischen Everestexpedition wurde an der Lhotseflanke errichtet und markierte die Stelle, von der aus man zum Südsattel ging.*

Mit der Durchsteigung der Südwestwand des Everest ging eine Epoche zu Ende. Die Bergsteigerwelt konnte, als ob sie von einer Zwangsvorstellung befreit worden wäre, von diesem Zeitpunkt an den Riesen des Himalaya etwas beruhigter betrachten und von neuen Routen träumen.
Im Frühjahr 1977 starteten sieben Neuseeländer und ein Kanadier unter der Leitung von Keith Woodford die erste Unternehmung im alpinen Stil. Sie erreichten zwar nicht den Gipfel, aber alle Bergsteiger kamen bis auf 7500 m, zwei sogar bis in den Südsattel, bevor sie von heftigem Wind zur Umkehr gezwungen wurden.
Nur ein Jahr später kamen Reinhold Messner und Peter Habeler, beide Vertreter von möglichst wenig technischen

Veränderungen und Entwicklungen

Hilfsmitteln, zum Everest. Sie waren überzeugt davon, dass sie wie Himalayapioniere der Vorkriegszeit ohne Zuhilfenahme von künstlichem Sauerstoff – trotz allgemeiner Skepsis – aufsteigen könnten. Eine Besteigungserlaubnis war zu diesem Zeitpunkt nicht so leicht zu erhalten, da der nepalesischen Regierung zu viele Anträge vorlagen. Deshalb schlossen sich die beiden einer österreichischen Expedition unter Leitung von Wolfgang Nairz an, wobei vereinbart wurde, dass sie unabhängig von dieser agieren konnten.
Die Vorbereitungen für die Südsattelroute gingen zügig voran, Messner und Habeler halfen beim Aufbau der Hochlager mit. Beide waren in sehr guter physischer Verfassung, sodass Nairz dem Aufstiegsversuch ohne künstlichen Sauerstoff den Vorzug gab.
Am 23. April brachen Messner und Habeler von Lager III auf. Während der Nacht fühlte sich Habeler jedoch nicht wohl und beschloss wieder abzusteigen, Sardinen hatten sein Unwohlsein verursacht. Messner entschloss sich, es

109 oben *Camp II der österreichischen Expedition lag im Western CWM. Dieses Lager wurde auch von Reinhold Messner und Peter Habeler, die eine Besteigung des Everest ohne künstlichen Sauerstoff wagen wollten, genutzt.*

109 Mitte *Frühjahr 1978: Ein zur Expedition von Wolfgang Nairz gehörender österreichischer Bergsteiger beim Aufstieg an Fixseilen in den Südsattel. Dort befand sich Camp IV.*

109 unten *Ein österreichischer Bergsteiger beim Aufstieg vom Südsattel in Camp V auf 8300 m Höhe.*

110 unten *Reinhold Messner und Peter Habeler erreichten am 8. Mai 1978 den Gipfel des Everest ohne künstlichen Sauerstoff. Es war äußerst anstrengend für Messner zum Zelt zurückzukehren, denn er litt unter Schneeblindheit.*

allein zu versuchen. Er stieg mit zwei Sherpas bis zum Südsattel auf und installierte Camp IV. Ein schrecklicher Schneesturm hielt ihn jedoch zwei Tage lang fest. Die Situation verschärfte sich, glücklicherweise besserte sich das Wetter jedoch am dritten Tag, sodass die drei absteigen konnten.
Ein paar Tage später brachen auch die anderen Expeditionsteilnehmer auf. Am 3. Mai standen Wolfgang Nairz, Robert Schauer, Horst Bergmann und der Sherpa Ang Phu auf dem Gipfel. Eine Woche später wurde diese Besteigung von Reinhard Karl und Oswald Ölz wiederholt.
Im Basislager überdachten Messner und Habeler die Lage. Schließlich überwanden sie ihre Zweifel, verließen Camp III und stiegen zum Südsattel auf. Der englische Kameramann Eric Jones und drei Sherpas begleiteten sie. Alle stiegen ohne künstlichen Sauerstoff auf, hatten aber für den Notfall Sauerstoffflaschen dabei. Am 8. Mai brachen Messner und Habeler in den

frühen Morgenstunden vom Südsattellager auf. Sie trugen nur leichte Rucksäcke, sanken aber dennoch tief in den weichen Schnee ein. Sie passierten Camp V und gingen ungesichert weiter, da bei den gegebenen Verhältnissen keine ausreichenden Sicherungsmöglichkeiten bestanden. Kurz unter dem Südgipfel legte Habeler seinen Rucksack ab. Am Gipfelgrat, der mächtige nach Osten gerichtete Wächten trug, entschlossen sich die beiden anzuseilen. Danach gingen sie gemeinsam weiter, was auf dieser Höhe nicht unbedingt einfach ist, da geistige Klarheit und Reflexe reduziert sind, wenn man kein Sauerstoffgerät verwendet.
Um 13 Uhr erreichte die Seilschaft den Gipfel, ein bedeutender Augenblick in der Geschichte des Himalayabergsteigens, ein Riesenschritt nach vorne. Messner und Habeler hatten jedoch keine Zeit, jetzt darüber nachzudenken, vielleicht später, im Basislager.
Eine Umarmung, einige emotionale Sekunden, das rituelle Foto; Messner verweilte noch ein wenig am Gipfel, Augenschmerzen, weigerte sich jedoch kategorisch Sauerstoff zu verwenden. Am nächsten Tag mussten sie unter allen Umständen absteigen. Die kleine Gruppe stellte sich dem Schneesturm, stieg bis zu den Fixseilen und von dort in Camp III ab. Dort trafen sie den Expeditionsarzt. Drei Stunden später setzten sie ihren Abstieg ins Basislager fort. Nur wenige Tage darauf war die Nachricht von der Besteigung ohne künstlichen Sauerstoff bereits um die Welt gegangen.
In den 70er Jahren sollte es aber noch andere Überraschungen geben. Das Augenmerk am Everest lag jetzt auf dem vollständigen Westgrat (Begradigung des Westgrates). Die Amerikaner hatten 1963 den unteren Teil des Grates ausgelassen, waren im oberen Drittel ins Hornbeincouloir ausgewichen und hatten das Problem des geraden Direktanstiegs ungelöst gelassen. 1974 hatte eine französische Expedition unter Leitung von Gérard Devouassoux diese Route versucht, hatte jedoch Lho-La aus politischen Gründen meiden müs-

111 links *Zwei Bergsteiger, die zur Nairzexpedition gehören. Sie befinden sich im letzten Abschnitt der nepalesischen Route auf einer Höhe von etwa 8700 m, fast auf der Höhe des Südgipfels.*

111 oben rechts *Gipfelfoto von Wolfgang Nairz; er bot Reinhold Messner und Peter Habeler an, sich seiner Expedition anzuschließen und zu testen, ob sie ohne künstlichen Sauerstoff den Gipfel des Mount Everest erreichen würden.*

111 unten rechts *3. Mai 1978: Horst Bergmann hat den Gipfel des Everest erreicht.*

110-111 *Horst Bergmann im Nachstieg auf einer Höhe von 8600 m. Ohne Verwendung von künstlichem Sauerstoff verlangsamt sich das Vorankommen in großer Höhe.*

Habeler begann jedoch schon wieder mit dem Abstieg: Er war besorgt. Eine Stunde später war er wieder im Südsattel, wunderbarerweise nach einem Ausrutscher unverletzt. Eric Jones kam ihm entgegen und begleitete ihn zum Zelt. Messner kam eineinhalb Stunden später an. Er war fast blind. Beim Fotografieren hatte er seine Sonnenbrille abgenommen, sodass die starke Strahlung seine Augen angegriffen hatte.
In der Nacht tobte ein schrecklicher Schneesturm. Messner hatte starke

sen. Nach Errichtung von Camp III auf 6950 m hatte der Monsun zu heftigen Schneefällen am Grat geführt. Wenig später, am 9. September, hatte sich daraufhin eine riesige Lawine gelöst, die damit verbundene Druckwelle hatte alle tiefer gelegenen Zelte zerstört und einen weiteren Schneerutsch verursacht der erst in Camp II zum Stehen kam. Ein Desaster war die Folge: sechs Tote, fünf Sherpas und der Expeditionsleiter. Zunächst wurde kein weiterer Versuch am Westgrat unternommen. Erst 1979 ging eine jugoslawische Expedition mit hervorragenden, hauptsächlich slowenischen Bergsteigern unter Leitung von Tone Skarja die nepalesische Seite des Lho-La an. Ende März errichteten sie am Khumbugletscher auf 5350 m das Basislager; die Expeditionsmitglieder fingen sofort an, eine vor gewaltigen Eisabbrüchen geschützte Route in den Sattel mit Fixseilen auszustatten. Bereits im ersten Teil des Anstiegs, der sich im Fels westlich des Lho-La bewegte mussten Schwierigkeiten bis zum fünften Grad bewältigt werden. Um den Lastentransport zu Lager I zu beschleunigen, wurde eine Seilwinde aufgebaut. In der Zwischenzeit versicherten die vordersten Seilschaften bereits den Grat oberhalb des Lho-La, der Seillängen im vierten Grad und bis zu 55° Steilheit aufwies. Am 14. April war Camp II (6770 m) bereit, 12 Bergsteiger aufzunehmen. Vier Tage später wurde Camp III unter der Westschulter des Everest auf 7170 m installiert. Weiter oben war der Grat bis in Camp IV auf 7250 m nur leicht geneigt (diesen waren die Amerikaner bereits 1963 gegangen, jedoch später in die Nordwand abgewichen). Am 9. Mai errichteten die Slowenen Camp V auf 8120 m, das letzte Lager vor dem Gipfel. Am nächsten Tag brachen Viktor Groselj und Marjan Manfreda zu einem ersten Versuch auf, aber die Schwierigkeiten (eine Seillänge wies Schwierigkeiten im fünften Grad auf), unglaubliche Kälte und Probleme mit dem Sauerstoffapparat ließen sie auf 8300 m wieder umkehren.

Zwei Tage später unternahmen Dusan Podbevsek und Roman Robas einen erneuten Versuch, kamen aber auch nur wenig höher als ihre Gefährten.

Schließlich versuchten es Nejc Zaplotnik sowie Andrej und Marko Stremfelj noch einmal. Es war wieder sehr stürmisch und das Thermometer zeigte –35 °C an. Nach kurzer Zeit gab Marko Stremfelj auf: Das Ventil seines Sauerstoffapparates arbeitete nicht; die anderen beiden stiegen ohne Probleme höher. Weiter oben brachten sie eine schwierige Felspassage hinter sich – eine Seillänge im fünften, zwei im vierten Grad.

Schließlich kamen sie wieder auf die Route der Amerikaner und erreichten um 13.50 Uhr den Gipfel. Als Abstiegsweg wählten die beiden das Hornbeincouloir. Am Abend erreichten sie wieder Camp IV.

Zwei Tage später wiederholten Stane Belak, Stipe Bozic und der Sherpa Ang Phu diese Route, mussten jedoch während des Abstiegs im Hornbeincouloir auf ca. 8200 m biwakieren. Am nächsten Tag stießen ihre Gefährten aus Camp V zu ihnen. Trotz des Biwaks schienen sie alle in der Lage, selbstständig abzusteigen, was sich allerdings als Irrtum erwies: Phu rutschte aus und hatte nicht mehr die Kraft zu stoppen. Sein Leichnam wurde am nächsten Tag 1800 m tiefer gefunden.

112 oben *Im Frühjahr 1979 führte Tone Skarja eine Gruppe Bergsteiger zum Westgrat. Die Expedition errichtete auf dem Khumbugletscher in 5350 m Höhe das Basislager und bestieg von dort aus den Lho-La über die nepalesische Seite. Lho-La ist der Sattel, in dem der Westgrat beginnt. Dieser trennt die West- von der Nordwand (hier im Bild) und überragt Tibet und das Western CWM.*

112 unten *Ein slowenischer Bergsteiger beim Aufstieg zur Westschulter. Im Hintergrund ist die mächtige Pyramide des Everest zu sehen; ein langer und beschwerlicher Weg bis zum Gipfel liegt noch vor ihm ...*

113 oben *Tone Skarja, der Expeditionsleiter.*

113 unten *Das Erreichen des Gipfels nach vielen Tagen war wie eine Erlösung. Die Route hatte über äußerst schwierige Abschnitte geführt, einige davon in sehr großer Höhe. Zusätzlich hatte die Sauerstoffausrüstung große Probleme bereitet.*

112-113 *Hier steigen zwei slowenische Bergsteiger an Fixseilen auf der Westseite der Westschulter des Everest auf. In Reichweite liegt das dritte Hochlager, das auf 7170 m errichtet wurde. Der Westgrat auf den Everest ist eine sehr schöne Route. Die amerikanische Route von 1963 vermied den unteren Teil des Grates und führte im oberen Abschnitt durch das Hornbeincouloir.*

In den 70er Jahren machte das Himalayabergsteigen einen Riesenschritt nach vorne; die 80er Jahre sollten diesen jedoch in nichts nachstehen. Andrzej Zawada leitete 1980 eine polnische Expedition zum Everest, deren Mitglieder wenig später berühmt werden sollten. Am 17. Februar 1980 brachen Leszek Chichy und Krzysztof Wielicki nach einer kalten, windigen Periode in den frühen Morgenstunden vom Südsattel auf und erreichten um 14 Uhr den Gipfel. Es war die erste Winterbegehung des Everest und gleichzeitig eine Demonstration von Durchhaltevermögen und Zähigkeit unter extremen Bedingungen.
Im Frühling war Zawadas Team wieder am Everest; dieses Mal hatten sie jedoch den Südpfeiler im Auge. Zur vorherigen Gruppe waren jetzt noch Jerzy Kukuczka, Wojciech Wroz und schnitt des Nordostgrates im Alleingang erstiegen hatte. Er war somit der erste Bergsteiger, der von zwei Seiten den Everest bezwungen hatte.
Eine Woche später stiegen Takashi Osaki und Tsuneoh Shigehiro, die zur selben Expedition gehörten durch eine Rinne der Nordwand, die heute als Japanercouloir bezeichnet wird und in das Hornbeincouloir mündet, auf. Sie erreichten am 10. Mai um 16.30 Uhr den Gipfel. Während des Abstiegs waren sie unter schlechten Wetterverhältnissen und ohne Sauerstoffvorrat gezwungen zu biwakieren. Gegen Mittag des nächsten Tages erreichten sie jedoch Camp V ohne größere Probleme. Die neue Route machte es allerdings erforderlich, dass ein Basislager am zentralen Rongbukgletscher, viele Versicherungen mit Fixseilen und fünf Hochlager eingerichtet wurden.
Wenig später kehrte auch Reinhold Messner zum Everest zurück. Der Südtiroler Bergsteiger wollte die Gelegenheit nicht verpassen, als Erster durch die Nordwand zu steigen, was die Briten bereits vor dem Krieg erfolglos versucht hatten. Nach einigen Wochen Akklimatisierung stieg er ohne Verwendung von künstlichem Sauerstoff im Alleingang vom Basislager zum Zwischenlager auf 6500 m auf; sein Zelt trug er in seinem Rucksack mit sich.
Am 18. August machte er sich in den frühen Morgenstunden in Richtung Nordsattel auf, den er vier Stunden später trotz eines Sturzes in eine Gletscherspalte erreichte. Von dort stieg er weiter auf und biwakierte auf 7800 m. Am nächsten Morgen querte er die Nordwand des Everest, um das Große Couloir (Nortoncouloir) zu erreichen, die Rinne in der Norton 1924 bis auf

1980 BIS 1990: EIN DENKWÜRDIGES JAHRZEHNT

Andrzej Czok gestoßen; es zeigte sich bald, dass auch sie diesen Bedingungen gewachsen waren. Die Vorgehensweise beim Aufstieg war die gleiche wie immer: Errichtung von fünf Hochlagern, Verwendung von künstlichem Sauerstoff und Versichern der Strecke mit Fixseilen.
Am 19. März brachen Kukuczka und Czok von Camp V auf und erreichten den Gipfel des Everest. Obwohl ihnen der Sauerstoffvorrat am Südgipfel ausgegangen war, bekamen sie keine ernsthaften Probleme. Nach 17-stündiger Unternehmung erreichten sie in der Nacht wieder Camp V. Die Route, die sie eröffnet hatten, war die kürzeste auf der Südseite, die technischen Schwierigkeiten im Fels lagen zwischen dem dritten und vierten Grad, die Schneehänge hatten eine Neigung von 55°.
Zum gleichen Zeitpunkt war eine japanische Expedition in der Nordwand aktiv. China hatte kurz zuvor seine Grenzen für ausländische Bergsteiger geöffnet, und die Japaner machten als Erste Gebrauch davon. Am 3. Mai stand Yasuo Kato auf dem „Dach der Welt“, nachdem er den letzten Ab-

114 links *Dieses Foto von Andrzej Czok und Jerzy Kukuczka (beide Teilnehmer der polnischen Expedition von 1980) entstand nach der Rückkehr vom Gipfel des Everest. Einige Jahre später wurden beide berühmt.*

114 rechts *Im Frühjahr 1980 eröffnete die extrem starke polnische Expedition eine neue Route über den Südpfeiler der Südwestwand.*

8500 m aufgestiegen war. Auf 8200 m, links der Rinne richtete er sich auf ein weiteres Biwak ein. Schließlich durchstieg er am 20. August das Couloir und erreichte den Nordostgrat. Er wandte sich dann links in Richtung Second Step und gelangte ohne Probleme auf den Gipfel. Es war der erste Alleingang auf den Everest ohne künstlichen Sauerstoff und entlang einer neuen Route. Ein weiterer Durchbruch für das Bergsteigen im Himalaya.
Im Herbst 1981 ging eine amerikanische Forschungsexpedition unter Leitung von John B. West eine neue Variante der klassischen Südsattelroute. Ein Jahr später gelang russischen Bergsteigern eine grandiose Erstbegehung. Die Route führte entlang des Südwestpfeilers links der großen zentralen Rinne der Südwestwand und kam am Südwestgrat auf einer Höhe von etwas

mehr als 8500 m heraus. Evgeny Tamm leitete das russische Team, zu dem 17 Bergsteiger gehörten; er setzte eine Vorhut ein, die die Aufgabe hatte, den Eisfall perfekt zu sichern.
Vom Fuß der Wand an errichtete die Gruppe fünf Hochlager. Die ersten vier wurden zwischen dem 25. März und dem 22. April auf 6500, 7250, 7850 und 8250 m installiert. Das letzte bauten Eduard Myslovski und Vladimir Balyberdin nach einem schwierigen Teilstück auf 8500 m nur 50 m vom Westgrat entfernt auf. Am nächsten Tag erreichte diese Seilschaft am frühen Nachmittag den Gipfel. Um 22.25 Uhr stand auch die Seilschaft Sergei Bershov und Mikhail Turkevich auf dem Gipfel. Beide Seilschaften stiegen am nächsten Morgen um 6 Uhr in Camp V ab.

115 oben *Die letzten Sonnenstrahlen am Gipfel des Everest. Ein Mitglied der polnischen Expedition kämpft mit der Kälte und dem schwierigen Gelände. Der Expedition, die von Zawada geleitet wurde, gelang am 17. Februar 1980 die erste Winterbesteigung des Everest.*

115 Mitte links *Die polnische Winterexpedition hatte mit extremer Kälte und heftigen Stürmen zu kämpfen. Zähigkeit und Ausdauer waren unerlässlich.*

115 Mitte rechts *Gruppenfoto der Mitglieder der polnischen Frühjahrsexpedition (im Basislager). Zawada, der den Ruf eines exzellenten Organisators hatte, stellte diese Expedition zusammen.*

115 unten *Dieses Foto von Andrzej Czok auf dem Gipfel des Everest (19. Mai 1980) stammt von Jerzy Kukuczka. Zu diesem Zeitpunkt wusste man noch wenig von den polnischen Bergsteigern und ihren Leistungen.*

Am selben Tag, dem 5. Mai, stiegen auch Valentin Ivanov und Sergei Ephimov auf den Gipfel. Drei Tage später wiederholten Kazbek Valiev und Valery Khrishchaty den Aufstieg. Schließlich waren am 9. Mai noch Yuri Golodov, Vladimir Puchkov und Valery Khomutov an der Reihe. Ein großer Erfolg für das ganze Team in einem schwierigen Gelände.

Zum gleichen Zeitpunkt versuchte eine kleine britische Expedition unter der Leitung von Chris Bonington den Nordostgrat im Alpinstil und ohne künstlichen Sauerstoff anzugehen. Bis auf 8300 m ging alles gut. Pete Boardman und Joe Tasker, die beide zu den besten Himalayabergsteigern zählten, wurden noch am Fuß des Second Step gesehen. Danach verschwanden sie; womöglich hatte sich eine Wächte gelöst und sie mit in den Abgrund gerissen. Im Frühjahr 1982 entdeckte eine japanische Expedition den Leichnam von Boardman auf der Rongbukseite. Das Verschwinden der beiden britischen Bergsteiger war ein Schock und ernsthafter Verlust, aber das Rad der Geschichte drehte sich unaufhaltsam weiter. Seit einem Jahr stand nun ein neues Problem auf dem Plan, das gelöst werden wollte: die noch unerforschte Ostwand, eine Respekt einflößende Wand, die sich über dem Kangshunggletscher zwischen dem Nordost- und Südostgrat erhebt. Bereits 1921 hatte George Mallory diese Wand eindrucksvoll beschrieben.

Nach einer Erkundungstour im Herbst 1980, wurde genau ein Jahr später der erste Versuch gestartet. Zu den Mitgliedern der Expedition von Louis Reichardt und Richard Blum zählten solch berühmte Namen wie John Roskelley, Gary Bocarde, David Breashears, Chris Jones, George Lowe und Kurt Diemberger als Kameramann. Die Gruppe errichtete ein Zwischen- und zwei Hochlager, versicherte zwei Kilometer mit Fixseilen und überwand große

116 links *Al Burgess im Aufstieg am Genfer Sporn. Dieser mündet später in die klassische nepalesische Route, die über den Südostgrat des Everest führt.*

116 oben *1982: Ein kanadischer Expeditionsteilnehmer im Aufstieg zwischen dem zweiten und dritten Hochlager am Fuß der Lhotsewand.*

116 Mitte *Oktober 1992: Die zur kanadischen (von William March geleiteten) Expedition gehörenden Sherpas Lhakpa Tshering und Pema Dorje im Aufstieg am Gipfelgrat des Everest. Hinter ihnen erhebt sich der Südgipfel.*

116 unten rechts *Gipfelfoto der Sherpas Lhakpa Tshering und Pema Dorje, aufgenommen von Pat Morrow.*

117 *7. Oktober 1982: Die Sherpas Lhakpa Tshering und Pema Dorje kurz unterhalb des Gipfels, nur wenige Meter von Pat Morrow entfernt.*

118-119 *Ein Teilnehmer der amerikanischen Expedition von 1983 im Alleingang am steil zum Kangshunggletscher abfallenden Grat. Ein einziger falscher Tritt könnte ihn das Leben kosten.*

118 *Der Bergsteiger Kim Momb während einer Verschnaufpause kurz unterhalb des Gipfels. Am 8. Oktober 1983 erreichten Momb, Buhler und Reichardt den Gipfel des Everest über eine neue Route; sie stiegen erstmals durch die Ost- oder Kangshungwand.*

119 links Der Amerikaner George Lowe in der Ostwand des Everest. Er befindet sich gerade an dem gigantischen Pfeiler in der Mitte der Kangshungwand. James Morrisey leitete diese Expedition (1983).

119 oben rechts David Cheesmond in einer schwierigen Passage am zentralen Pfeiler der Ostwand. Er konnte die Fixseile verwenden, die die amerikanische Expedition im Jahr 1981 zurückgelassen hatte.

119 unten rechts Triumphierend hebt Carlos Buhler am Gipfel des Everest die Arme. Seiner Seilschaft glückte die erste Durchsteigung der Ostwand.

technische Schwierigkeiten. Am 4. Oktober mussten sie jedoch wegen erhöhter Lawinengefahr auf einer Höhe von 6750 m umkehren.

Die Amerikaner starteten 1983 einen erneuten Versuch, dieses Mal unter der Leitung von James Morrisey. Expeditionsmitglieder waren: Carlos Buhler, Kim Momb, Louis Reichardt, George Lowe, Jay Cassell, Daniel Reid, John Boyle, David Coombs, David Cheesmond, Andrew Harvard, Christopher Kopczynski, Kim Momb sowie Carl Tobin und Geoffrey Tabin.

Die Route führte durch die Mitte der Ostwand, sie stiegen über den großen Pfeiler auf (1200 m instabiler Fels und Eis), was 1981 große Probleme bereitet und viel Vorarbeit erfordert hatte. Sie verwendeten teilweise die Fixseile, die noch in gutem Zustand waren, richteten das erste Camp ein und transportierten dann mit Hilfe einer motorisierten Winde die Lasten nach oben. Das letzte Camp wurde am 25. September auf 7860 m installiert. Das Wetter war gut und stabil. In den Morgenstunden des 8. Oktober machten sich Buhler, Momb und Reichardt auf den Weg zum Gipfel. Bei jedem Schritt versanken sie in tiefem Schnee. Sie stießen nach sechsstündiger mühevoller Arbeit in einer Höhe von 8470 m auf den Südostgrat. Um 14.30 Uhr stand die Seilschaft auf dem Gipfel. Kurz darauf war es Zeit abzusteigen. Momb stieg schneller ab als seine Gefährten und erreichte noch am selben Abend Camp I. Buhler und Reichardt, die weit mehr erschöpft waren, blieben in Camp III und wurden am nächsten Tag von Kopczynski nach unten begleitet. Am selben Tag wiederholten auch Cassell, Lowe und Reid diesen Anstieg.

Wenige Monate später führten die Japaner ihre zweite Winterbegehung durch. Die erste vom Dezember 1982 hatte Yasuo Kato und Toshiaki Kobayashi das

Leben gekostet (nur Kato hatte den Gipfel erreicht).
In den darauf folgenden Jahren wurden zahlreiche Besteigungen (die meisten entlang der Normalroute), viele Versuche und einige herausragende Besteigungen registriert. Im Herbst 1984 gelang es einer australischen Expedition den Everest über das Große Couloir (Nortoncouloir) mit vier Hochlagern und ohne künstliche Sauerstoff zu besteigen. Am 3. Oktober standen Greg Mortimer und Tim McCartney-Snape auf dem Gipfel, während Expeditionsleiter Andy Henderson 50 m unterhalb des Gipfels umkehrte, da es zu spät war.
Nur wenige Tage später eröffnete Phil Ershler, Mitglied der amerikanischen Expedition unter Leitung von Louis Whittaker eine teilweise neue Route, die über den Nordostgrat führte, dann die Nordwand des Everest auf 7300 m querte und am Großen Couloir herauskam. Am 20. Oktober brach Ershler vom Lager auf 8100 m mit John Roskelley auf, der jedoch auf 8500 m aufgab. Ershler erreichte ohne künstlichen Sauerstoff am Nachmittag den Gipfel.
Im Sommer 1986 glückte den Schweizer Bergsteigern Jean Troillet und Erhard Loretan eine sehr schnelle Durchsteigung der Nordwand. Der Franzose Pierre Béghin begleitete die beiden bis auf 8000 m. Sie folgten mit leichten Abweichungen der Route, die die Japaner 1980 gegangen waren, kletterten die ganze Nacht und den darauf folgenden Morgen. Anschließend ruhten sie sich zehn Stunden aus, stiegen dann um 21 Uhr ins Hornbeincouloir ein und kletterten vier Stunden; danach warteten sie auf den Tagesanbruch.
Troillet und Loretan erreichten am frühen Nachmittag des 31. August den Gipfel. Sie stiegen extrem schnell ab: In nur fünf Stunden waren sie bereits wieder am Fuß der Wand; in weniger als zwei Tagen hatten sie Auf- und Abstieg geschafft. Eine unglaubliche Leistung!
Frühjahr 1988: An der Ostwand wurde eine weitere großartige Route eröffnet; dieser Verdienst kommt einer internationalen Expedition unter Leitung des Amerikaners Robert Anderson und den Expeditionsmitgliedern Edward Webster, dem Kanadier Paul Teare und dem Engländer Stephen Venables zu. Die neue Route und ihre Hochlager befanden sich rechts des Sporns, an dem entlang die Route von 1983 verlief. Sie kam in der Nähe des Südsattels heraus und verlief dann über den Südostgrat zum Gipfel. Am 12. Mai erreichte nur Stephen Venables den Gipfel: Webster und Anderson kamen langsamer voran und gaben nahe des Südgipfels auf. Keiner verwendete künstlichen Sauerstoff. Die Route wurde 1992 von einer chilenischen Expedition wiederholt.
Im Herbst desselben Jahres glückte

120 oben *Im Herbst 1984 gelang einer australischen Expedition die Durchsteigung des Großen Couloirs in der Nordwand des Everest ohne künstlichen Sauerstoff. Geoff Bartram kam auf der White Limbo-Route bis auf 7000 m. Hinter ihm sind der imposante, eisbedeckte Changtse und der Nordsattel zu sehen.*

120 unten *Tim McCartney-Shape und Lincoln Hall, Mitglieder der australischen Expedition, nach ihrer Rückkehr vom Gipfel.*

120-121 *Greg Mortimer kurz vor Erreichen der Eishöhle von Camp II auf 6900 m. Unter ihm liegt der Hauptarm des Rongbukgletschers.*

121 *Hier steigen zwei Bergsteiger über die White-Limbo-Route im Großen Couloir auf. Sie eröffneten eine neue Route auf den Gipfel des Everest ohne künstlichen Sauerstoff. Dieses Foto wurde auf einer Höhe von 7500 m aufgenommen.*

dem Franzosen Marc Batard in den Spuren anderer Expeditionen ein schneller Aufstieg über die nepalesische Normalroute. Die Stoppuhr zeigte 22 Stunden und 29 Minuten für den Aufstieg an, ein neuer Rekord.
1991 eröffnete eine italienische Expedition unter Leitung von Oreste Dorno eine teilweise neue Route in der Nordwand; diese führte das Große Couloir entlang, dann links auf der australischen Route von 1984 und ging dann direkt zu dem Felsvorsprung, der die Rinne auf 8400 m blockiert (Passagen im fünften Grad, die einzige Stelle, die mit Fixseilen gesichert wurde). Battistino Bonali und der Tscheche Leopold Sulovsky erreichten ohne Hilfe von Sherpas, ohne künstlichen Sauerstoff und mit nur drei Hochlagern auf 6100, 6195 und 7600 m den Gipfel am frühen Nachmittag des 17. Mai. Nur wenige Tage zuvor hatte Fausto De Stefani nach zwei Biwaks auf 8000 und 8350 m während eines Aufstiegsversuchs ein Hirnödem erlitten. Mit Hilfe seines Seilgefährten Giuliano De Marchi, später mit Hilfe aller Expeditionsteilnehmer, gelangte De Stefani an den Fuß des Berges.
In diesen Zeitraum fällt auch die erste erfolgreiche Sherpaexpedition über die Südsattelroute, die Lopsang und Tenzing Tashi leiteten.

122 oben *Der Sherpa Pertemba (hier bei seiner dritten Besteigung) und der britische Bergsteiger Chris Bonington an den eisigen Hängen unterhalb des Südgipfels.*

122 Mitte *April 1985: Chris Bonington nahm an einer norwegischen, von Arne Naess geleiteten, Expedition teil. Mit einigen Gefährten erreichte er den Gipfel über die klassische nepalesische Route. Neun Bergsteiger und acht Sherpas standen zwischen dem 21. und 30. April auf dem Gipfel des Everest.*

122 unten *Am 31. August 1986 stand Jean Troillet auf dem Gipfel des Everest. Er hat soeben mit seinem Gefährten Erhard Loretan einen extrem schnellen Anstieg über die in der Nordwand verlaufende Route der japanischen Expedition von 1980 geschafft.*

122-123 *Die gewaltige Nordwand des Everest ist im Lauf der Jahre auf verschiedenen, teilweise sehr direkt verlaufenden Routen durchstiegen worden.*

123 *August 1986: Der Schweizer Bergsteiger Erhard Loretan kurz vor dem Abstieg vom Gipfel. In weniger als fünf Stunden war er mit Jean Troillet bereits wieder am Fuß der Nordwand.*

124-125 *Der Amerikaner Edward Webster erklettert als Seilerster eine extrem steile Eisbarriere in der Ostwand. Diese Wand gehört zu den beeindruckendsten und schwierigsten Unternehmungen am Everest.*

124 oben *Frühjahr 1988: Der Kanadier Paul Teare geht eine senkrechte Eispassage in der Ostwand des Everest an, rechts vom Pfeiler, der 1983 bestiegen worden war. Die Expeditionsteilnehmer verwendeten keinen künstlichen Sauerstoff.*

125 links *Der britische Bergsteiger Robert Anderson in einer schwierigen Seillänge in der Ostwand des Everest. Nur Venables erreichte am 12. Mai den Gipfel. Seine langsameren Gefährten gaben in der Nähe des Südgipfels auf.*

125 oben rechts *Paul Teare überquert eine Gletscherspalte am Kangshunggletscher. Die Andersonexpedition eröffnete eine neue, schwierige Route, die in der Nähe des Südsattels auf 8000 m endete.*

125 unten rechts *In der Ostwand des Everest: Paul Teare und Robert Anderson auf dem Weg in Camp II. Weit unter ihnen liegt der Kangshunggletscher.*

126-127 *„Esprit d'équipe"-Gruppe, (Sommer 1988): Nachdem ein Versuch durch das Hornbeincouloir aufgrund schlechter Schneeverhältnisse gescheitert war, brach die Gruppe am 13. September erneut auf. Aber auch dieses Mal war der Schnee im oberen Teil der Rinne äußerst instabil …*

126 unten links *Das Hornbeincouloir ist eine außerordentlich schöne Route. Sie wurde nach dem amerikanischen Bergsteiger Hornbein benannt, der diese mit einem Gefährten im oberen Teil erstmals 1963 durchstieg. Hier sieht man die Nordwand mit dem Hornbeincouloir etwas rechts der Bildmitte.*

126 unten rechts *Dieser Bergsteiger gehört zu der von Benoît Chamoux geleiteten Gruppe. Er befindet sich im Northern CWM am Fuß der Nordwand des Everest.*

127 oben *Eine Seilschaft im Aufstieg über die steilen Hänge, die zum Hornbeincouloir in der Nordwand führen. Dieser Besteigungsversuch musste jedoch kurze Zeit später wegen schlechten Wetters abgebrochen werden.*

127 unten *Auf 8500 m Höhe in den Hängen des Hornbeincouloirs: Der tschechoslowakische Bergsteiger Joska Rakoncaj ist erschöpft durch sein zu schnelles Aufsteigen.*

128 oben links
Eine Seilschaft auf dem Weg in den Nordsattel. Die Route, die die britischen Pioniere in den 20er Jahren fanden, wird heute noch genauso wie früher angegangen, vor allem seit die Expeditionen von tibetanischer Seite extrem zugenommen haben.

128 unten links
Die Bergsteiger der Vorkriegsjahre bezeichneten ein Lager im Nordsattel (Chang-La) als Brücke zwischen zwei Welten: Jenseits des Sattels begann für sie die Welt der großen Höhen.

128 rechts *Spuren der Träger und Bergsteiger durchziehen die Hänge oberhalb des Nordsattels. Heftige Windböen oder ein Tag Sonnenschein lassen ihre Spuren schnell verschwinden.*

128-129 *Die Pyramide des Everest und zwei ihrer mächtigen Wände: links im Bild die gewaltige Nordwand; in der Bildmitte der Westgrat; rechts die Südwestwand und unterhalb die Westschulter.*

129 unten *Der Nordgrat des Everest auf einer Höhe von 8200 m, umgeben von einer Welt aus Schnee, Fels und Eis.*

130-131 *Tag und Nacht treffen an den Gipfeln von Everest, Lhotse und Nuptse aufeinander. Ein unvergessliches Bild, vor allem, wenn man es selbst beobachten konnte.*

131 oben *Die letzten Sonnenstrahlen tauchen die nepalesische Seite der großen Pyramide des Everest in ein warmes Orange. Die Wolken geben dem Ganzen einen Hauch von Mystik.*

131 unten *Ein wahrhaft poetischer Anblick: Die Abendsonne umschmeichelt den Nordsattel des Everest und hebt die eleganten Linien des Grates hervor.*

132 *Seit 1990 haben die Expeditionen über die klassischen Routen enorm zugenommen: Im Frühjahr 1993 standen mehr als 40 Bergsteiger an einem Tag auf dem Gipfel des Everest.*

133 oben rechts *Die riesigen Gletscherspalten am Khumbugletscher verhindern, dass noch mehr Bergsteiger versuchen den Everest zu bezwingen.*

133 Mitte links *In weiter Ferne vom Basislager befindet sich die Nordwand des Everest; sie hat ihren wilden Charakter erhalten und ist für die jungen Bergsteiger in der ganzen Welt zu einem Symbol geworden.*

133 Mitte rechts *Heftige Monsunschneefälle gegen Ende des Sommers lassen die Wand des Everest noch majestätischer und beeindruckender erscheinen; Erinnerungen an die Zeit der Pioniere werden wach.*

133 unten *Der Gipfelgrat des Everest, den Edmund Hillary und Tenzing Norgay im Mai 1953 erstmals begingen, wird auch in Zukunft immer die Grenze zwischen Wirklichkeit und Traum sein.*

134 oben *Zu bestimmten Tageszeiten ruft das Spiel von Licht und Schatten auf den Graten, die am Nordsattel zusammenlaufen, äußerst interessante Effekte hervor.*

134 Mitte *Schnee, Frost und Wind verändern unentwegt den Grat, der sich vom Chang-La zum Hauptgipfel zieht.*

134 unten *Wenn die Sichtverhältnisse gut sind, hat man vom Nordsattel aus einen wunderbaren Blick nach Westen auf den Pumori.*

135 *Der Fotograf hat einen wunderschönen Augenblick am Nordgrat oberhalb des Nordsattels eingefangen.*

__136 oben__ 1991 eröffnete die von Oreste Forno geleitete italienische Expedition eine teilweise neue Route entlang des Großen Couloirs, links der australischen Route von 1984. Auf diesem Bild steigt Fausto De Stefani, ein international bekannter Himalayabergsteiger, in Camp IV auf.

__136 unten__ Leopold Sulovsky spielte eine wichtige Rolle während der italienischen Expedition und hatte entscheidenden Anteil am erfolgreichen Verlauf dieser Unternehmung.

__136-137__ Battistino Bonali auf dem Weg in Camp II. Er erreichte mit Leopold Sulovsky am Abend des 17. Mai den Gipfel des Everest ohne Verwendung von künstlichem Sauerstoff.

__137 oben rechts__ Battistino Bonali auf dem Gipfel des Everest.

__137 unten links__ Zur italienischen Expedition gehörte auch der Tscheche Leopold Sulovsky, hier auf dem Weg in Camp III.

__137 unten rechts__ Fausto De Stefani bei seiner Ankunft in Camp III. Wenig später bekam er als Folge von zwei Biwaks auf 8000 und 8350 m ein Hirnödem, das er glücklicherweise ohne größeren Schaden überstand.

GRAZIE DIO

FERRINO

__138-139__ Frühjahr 1994: Bergsteiger auf dem Weg in den Nordsattel. In der Vormonsun-Saison dieses Jahres wurden zahllose Expeditionen auf den Everest durchgeführt, einige sogar auf kommerzieller Basis.

138 unten links
Die französische Himalayabergsteigerin Chantal Mauduit in einem steilen, schneebedeckten Hang einer neuen Route von der tibetanischen Seite aus.

138 rechts unten
1994: Chantal Mauduit bei einer Erstbegehung vom Nordsattel aus, ein immer schwierigeres Unterfangen angesichts der vielen Routen, die es bereits auf der Nordseite des Everest gibt.

In den letzten Jahren gab es unglaublich viele bergsteigerische Aktivitäten auf beiden Seiten des Everest. Die Besteigungen haben sich vervielfacht (bis Ende 1996 waren es über 800!), ebenso wie Besteigungsversuche und tödliche Unfälle. Es wurden außerdem auch die ersten kommerziellen Expeditionen durchgeführt – Kunden, die für eine Führung auf den Everest bezahlten. Dies ist ein Phänomen, das zu vielen Diskussionen geführt hat, gerade weil diese Expeditionen häufig fatale Konsequenzen mit sich brachten.
Mitten im Chaos der verschiedenen Besteigungen gab es auch die erste Winterbegehung der Südwestwand durch die Japaner im Dezember 1993, die dazu nur drei Wochen benötigten. Im Herbst 1992 fand die offizielle Vermessung des Everest durch die „EV-K2-CNR"-Expedition statt. Schließlich bleibt noch die Abfahrt auf Skiern von Hans Kammerlander zu erwähnen, der in 17 Stunden über die traditionelle tibetanische Route vom Zwischenlager auf 6500 m auf den Gipfel gestiegen und dann etwas unterhalb des Nordostgrates und über den Nordsattel abgefahren war.
Es ist jedoch unmöglich, alle Expeditionen der letzten Zeit aufzulisten, sind sie doch oft nur Wiederholungen der Normalrouten. Dies würde bedeuten, dass man allein über alle Aufstiege und erfolglos verlaufende Expeditionen ein Buch schreiben müsste. Deshalb sollten die Ereignisse der letzten Jahre eher Gegenstand ernsthafter Reflexion für alle Verantwortungsbewussten sein: Im Himalaya ist ein rücksichtsloses Rennen auf die Gipfel vor allem von

Das Chaos der letzten Jahre

139 oben *Majestätisch erhebt sich die Wand des Everest: Ewige Herausforderung und immer noch voller Geheimnisse.*

139 unten *1994: Die Teilnehmer der französischen Expedition brechen zu einem weiteren anstrengenden Tag am Everest auf.*

unerfahrenen Bergsteigern festzustellen, ebenso wie der Verfall von ethischen Werten, ein übertriebener Individualismus und ein Mangel an Solidarität. Es ist schwierig, Vermutungen über kurzfristige Verbesserungen anzustellen, aber es kann nicht so weiter gehen wie bisher. Eine Lösung kann vielleicht darin liegen, strikte Regeln aufzustellen. Aber man muss kein Hellseher sein, um zu verstehen, dass Reglements dem bergsteigerischen Ideal widersprechen. Es ist sicher besser, auf die Selbstdiziplin der Bergsteiger zu setzen und dadurch eine Regulierung zu erhoffen. Man sollte eine neue Philosophie unterstützen, die nicht nur die Motive und das Verhalten der Bergsteiger untersucht, sondern auch der Frage auf den Grund geht, was Bergsteigen eigentlich bedeutet. – Strafe wäre der Tod eines wundervollen Traumes.

140 oben *Der Schatten des Changtse fällt auf die gewaltige Nordwand des Everest, der in der Abendsonne in warmen Farben erstrahlt.*

140 unten *Ein unvergesslicher Augenblick im Leben eines Bergsteigers: die über den Wolken untergehende Sonne vom Gipfel des Everest aus betrachtet.*

141 *Gewaltig ist der Abgrund, in dem das Gletscherbecken des Western CWM liegt, wenn man vom Südgipfel des Everest hinabsieht.*

142-143 *Die Sonne wirft ihre letzten Strahlen auf die Hänge der umliegenden Gipfel des Everest.*

144 *Ein Sherpa, der zu der von William March geführten Expedition gehört, auf dem Weg zum Gipfel des Everest über die klassische Südsattelroute.*

BILDNACHWEIS

Mountain Light Photography: Galen Rowell 1
D. Perret/J. Troillet: Mark Shapiro 2-3, 12-13, 14, 26-27, 29 links; Archiv J. Troillet 122 unten, 123
Agenzia Freestyle: René Robert 4-5, , 34, 128 oben links, 128 unten links, 131, 138, 138-139, 139; Jean Michel Asselin 24-25, 128 rechts, 128-129, 129 unten, 130-131, 140 oben, 142-143; Stephen Venables 31 unten links, 124, 124-125, 125
Pascal Tournaire: 6-7, 9, 32 oben links, 32 unten links, 126, 126-127, 127, 132, 133, 140 unten, 141
Vertical: Jean-Michel Asselin 8-9, 14-15, 16-17, 21 oben
Doug Scott: 10-11, 30 rechts, 100, 101, 104, 104-105, 105, 106, 106-107, 107
Kurt Diemberger: 18, 20, 21 unten
Pat Morrow: 19, 31 rechts, 116, 134, 135, 144
Mountain Equipe Archive: 20-21, 33 oben
NASA: 22
National Geographical Society: 23, 88, 89, 90-91, 91
Royal Geographical Society: 28 oben links, 36, 37, 40, 41, 42, 43 oben, 44 oben, 45, 46 unten, 46-47, 47, 48, 49 rechts, 50 unten, 51 oben, 51 unten, 52, 53 oben links, 53 oben rechts, 54, 54-55, 55 unten, 56, 56-57, 57, 58, 58-59, 59 unten, 60, 61, 62, 63, 64, 64-65, 65, 66-67, 66 unten rechts, 67, 68, 68-69, 69, 70, 71, 72 unten, 73 oben, 74, 75, 78, 79, 80, 81, 82, 82-83, 83, 84, 85
Hedgehog House: Chris Curry 28 unten links, 31 oben links, 32 rechts, 35 oben; Colin Monteath 120 unten, 120-121, 122-123
Jürg Marmet: 28 oben rechts
Andrzej Zawada: 28 unten rechts, 114, 115
Tom Hornbein: 29 oben rechts
Chris Bonington Picture Library: Keiichi Yamada 29 unten rechts, 30 links, 99 rechts; Ken Wilson 98, 99 unten; Chris Bonington 98-99, 122 oben, 122 Mitte
Galen Rowell: 33 unten rechts
Marco Bianchi: 35 unten
The British Library: 38, 40-41, 43 unten
The Science Museum : 38-39, 39
Museo Nazionale della Montagna, Turin: 44 unten, 46 oben, 50 oben, 50 Mitte, 51 Mitte, 55 oben
Salked Collection: 53 unten, 64 oben, 72 oben 73 unten, 86 oben links, 86 oben rechts, 86 Mitte, 86 unten rechts, 92
John Noel: 59 oben
Alpine Club Library Collection: 66 unten links
Alpine Research: Swiss Foundation 76, 77
Chinese Mountaineering Association: 86 unten links, 87 oben, 87 unten
Mountain Camera: John Cleare 92-93, 94, 94-95, 95, 96, 96-97, 97
Japanese Ladies Climbing Club: 102
Image Bank: Adams 102-103
Wolfgang Nairz: 109, 110, 110-111, 111
Tone Skarja: 112, 112-113, 113
Andrew C. Harvard: 118-119, 119 oben rechts
Louis F. Reichardt: 118, 119 unten rechts
Chris Kopczynski: 119 links
Lincoln Hall: 120 oben, 121
Oreste Forno: 136, 137